헌신

헌신

박정희와 일하다

이 책은 박정희 대통령을 가까이서 모시며 함께 일한 분들이 남긴 글 중, 대통령의 리더십과 인간적인 면모를 엿볼 수 있는 내용을 선별하여 엮었습니다.

1. 자애慈愛　　　　　　　　　　009

2. 실용實用　　　　　　　　　　045

3. 결단決斷　　　　　　　　　　069

4. 통찰洞察　　　　　　　　　　109

飲水思源

一九六七年三月
大統領
朴正熙

근원을 잊지 말자

정수장학회 재학생 모임 '청오회(青五會)'가 1967년 3월 회지 『청오지』를 창간할 때 박정희 대통령이 기념 휘호로 써 준 '음수사원(飲水思源)'. "물을 마실 때는 근원을 생각하라"는 말로, 어려운 시절에 도움 받은 고마움을 잊지 말자는 당부가 담겼다.

01

자애
慈愛

持己秋霜
待人春風

一九七六年丙辰元旦
大統領 朴正熙

자신에게 엄하고 남에겐 온화하게

박정희 대통령의 1976년 신년 휘호 '지기추상, 대인춘풍(持己秋霜, 待人春風)'. "자기 몸가짐은 가을 서리같이, 남에게는 봄바람같이"라는 뜻이다.

자기 말 하기보다 남의 말 듣기 좋아해

1973년 박 대통령은 2군 사령부 통신참모(대령)로 5·16 혁명에 가담한 박승규 청와대 민정수석이 새로 임명돼 왔을 때 휘호 하나를 써 주었다고 한다. '待人春風, 持己秋霜(대인춘풍, 지기추상)', "사람(백성)을 모실 때는 봄바람처럼 부드럽게 하고, 자기의 몸가짐에는 추상처럼 엄격하게 하라"는 뜻이었다.

김성진 전 장관은 "그것은 대통령 자신의 좌우명이었다"면서 "박 대통령은 자기 말을 하기보다 남의 말 듣기를 더 좋아하는 편이었다"고 했다.

김성진(<월간조선> 2009년 11월호)

미국 유학 때도 두드러진 따스함과 검소함

1953년 7월 휴전이 되기 1년 전부터 병과별로 선발된 장교들이 초등군사반과 고등군사반으로 나뉘어 재교육을 받았다. 박정희 장군은 포병의 고등군사반으로 선발되어 미국에서도 교육을 받았다. 나는 1952년에 대구에 가서 시험을 보고 미 포병학교 교육통역으로 선발되어, 다른 연락장교들과 함께 1952년 말에 샌프란시스코까지 Pan Am의 민간 여객기를 타고 본토에 도착했다. 나를 포함 세 명의 신임 통역장교는 1953년 3월까지 포술학의 교재를 우리말로 옮기는 작업을 하다가, 미군들의 초등군사반에서 같이 교육을 받았다.

어느 날 내 방문에 박정희 장군이 찾고 있다는 쪽지가 있었다. 그날 밤은 University of Georgia의 청강을 야간에 듣는 것이 있어서 10시가 지나서 숙소에 왔다. 수요일 저녁식사가 끝나면 찾아뵙겠다고 쪽지를 써서 박 장군의 문에 붙여 놓았다.

수요일 저녁 7시쯤 박 장군의 방으로 갔다. 살며시 노크를 했다.

"각하, 조성규 대위입니다."

"들어오시오."

문을 열고 경례를 했다.

"각하, 처음 뵙겠습니다. 조성규 대위입니다."

"나라 조씨인가?"라고 갑자기 물었다.

"네, 한양 조(趙)씨입니다. 이룰 성(成)자와 홀 규(圭)자, 조성규입니다."

"학교는?"

"연희대학 2학년 때 6·25가 터졌습니다."

"영어는 어디서 배웠나?"

"일제시대에 용중(龍中, 용산중학)에 다녔습니다. 근로동원 때문에 공부를 잘 못 했으나, 밤에는 하라 센사쿠(原仙作)라는 일본인 선생이 영어를 가르쳐 주셨습니다."
"하라 센사쿠가 용중 선생이셨구만. 그분의 『영문해석법(英文解釋法)』은 유명했지."
이런저런 말을 나누고 내 숙소로 돌아왔다. '박 장군은 훌륭하신 분'이라는 것을 나는 바로 알아차렸다. 누가 학교 다니다 군대 입대한 젊은이의 말을 그렇게 자세히 성의 있게 들어 준단 말인가.

어느 날 토요일에 (박 장군이) 바지를 사고 싶다고 하여 군복 바지를 영내(營內)에서 사고, 보통 바지를 시내에서 샀다. 젊은 통역장교들은 25센트를 주고 바지를 자기들에게 맞게 줄이기 때문에, 저에게 주시면 바지 길이를 맞게 줄여 드리겠다고 말하니, "내가 더 잘할 걸" 하시면서 숙소로 돌아오더니 길이를 재고 안쪽으로 접더니 가위로 잘라 넣고 꿰매고 다리미로 다리기까지 하였다. "자! 다 됐지?" 하였다. 재미로 줄인다고 하였지만, 대단히 검소하게 보였다. 박 장군의 검소는 몸에 밴 미덕으로 보였다.

박 장군이 늘 믿음직하게 기억되는 까닭은 포술학 시험을 자주 보는데, 언제나 문제에 대한 질문 한마디 없이 계산척(尺)을 가지고 혼자서 답안을 작성한 것 때문이다. 어떤 사람들은 마치 시험 문제에 잘못이 있는 듯 질문을 하는 경우도 간혹 있었으나, 박 장군은 그러지 않았다. 미국 포병학교 고등군사반에서 박 장군의 성적이 일등이었다는 것은 교육에 관계한 사람은 다 잘 아는 일이다.

조성규, "(회고) 박정희장군을 회상하다", 『시대정신』 67호(2015 여름)

젊은 엔지니어의 마음을 움직인 진정성

미국으로 떠나온 신동식을 고용해 준 회사는 ABS(American Bureau of Shipping)였다. 대우를 잘해 줘서 개인적으로 몸은 편안해도 한국을 떠나온 것이 계속 마음에 걸렸다. 막상 미국에서 다시 취직을 하고 보니 내 한 몸 편하자고 일을 하다 말고 온 것 같아서 내내 마음이 무겁고 불편했던 것이다.

그런데 마침 박정희 대통령이 존슨 대통령을 방문하기 위해 1965년 미국에 왔다. 당시 주미 대사는 김현철 씨였는데 어느 날 김 대사로부터 신동식에게 전화가 걸려 왔다.

"박 대통령이 방미(訪美)해서 뉴욕 교민을 위한 리셉션에 참석하실 예정인데 당신이 거기에 꼭 참석했으면 좋겠다."

도저히 안 가 볼 수 없었다. 박정희 대통령이 묵고 있다는 뉴욕의 월도프 아스토리아(Waldorf Astoria) 호텔에 있는 프레지덴셜 스위트룸을 혼자서 찾아갔다. 큰 의자에 크지 않은 체구의 박 대통령이 혼자 앉아서 그를 기다리고 있었다.

"그래, 미국에 와서 편히 혼자 지내니 좋아?"

박 대통령이 좀 삐딱하게 물었다.

뭐라고 할 말이 없어 가만히 있었더니 박 대통령이 호텔 용지와 볼펜을 집어 들었다. 그는 종이에 한국 지도를 그리면서 특유의 건조하고 무거운 어조로 말을 시작했다.

"우리나라가 3면이 바다라서 해양 부문에서 앞으로 할 일이 많을 것이네. 배를 만들든지 원양어선 사업을 하든지, 선박을 통한 물류와 수송을 하든지, 아무튼 바다를 통한 경제 활로를 뚫어 보자. 저번엔 조선

공사에 혼자 가서 고생을 많이 했다고 들었는데 이번에 내 바로 옆에서 같이 나라경제 만드는 일을 해 보자. 마침 이번에 존슨 대통령이 비행기를 내줘서 남은 자리도 많으니 나와 함께 그 비행기로 한국에 돌아가자."

이미 한번 어려운 현실을 경험하고 떠나온 조국이다. 다시 간다고 한들 뭐가 달라질 것인가? 선뜻 대답을 못 하고 망설일 수밖에 없었다.

(신동식) 아무리 대통령이 부른다고 하더라도 내가 하루아침에 그만둘 수는 없잖습니까? 그런데 잠깐 갈등하던 내 마음을 움직인 것은 박 대통령의 진정성이었습니다. 그 바쁜 와중에 나같이 젊은 사람을 따로 부르고 독대해서 함께 일해 보자고 간곡하게 설득하는 것은 정말 국가경제의

백년대계에 대한 깊은 고민과 진정성 때문이 아닌가 하는 생각에 감동이 밀려오더라고요. 그래서 내가 "네, 한 달 내로 정리하겠습니다"라고 대답했습니다. 무슨 감투나 대우가 중요한 게 아니라 그 진정성 때문에 내가 다시 한국에 돌아가면 목숨이라도 바쳐서 공업을 육성해야겠다는 생각이 들었어요.

나름대로 각오를 하고 귀국한 신동식 비서관은 공업 육성을 위한 구상을 하고 플랜을 만들어 왔기 때문에 청와대에서 과학기술과 조선업 발전을 위해 열심히 일했다.

그러던 중 대통령이 청와대 조직을 바꾼다는 이야기가 들렸다. 김학렬 정무수석 단일 체제를 제1, 제2 경제수석 체제로 분할하여 경제 쪽 업무를 대폭 강화한다는 것이다.

어느 날 이후락 비서실장이 갑자기 그를 부르더니, "이봐, 이번에 청와대 직제가 바뀌었는데 자네가 제2 경제수석비서관을 맡아야겠어" 하는 것이었다.

1급 비서관도 과분한 직위인데 초대 제2 경제수석이라니! 누구보다 놀란 것은 신동식 본인이었다.

"저는 과학기술자고 해사(海事) 전문가이긴 하지만 경제 전체를 다루기에는 역량이 부족합니다. 경제 문제를 총괄하는 경제수석비서관으로 적절치 않습니다."

"이 인사 내가 한 거 아니야. 대통령이 직접 하신 인사니까 정 아니다 싶으면 자네가 대통령께 직접 말씀드려."

(신동식) 당시만 해도 용건이 있으면 곧바로 대통령 집무실에 들어가 말씀을 드릴 수 있었습니다. 그래서 제가 집무실에 들어가 흥분된 목소리로 "제가 경제수석에 적임자가 아닙니다. 이런 이상한 인사를 하시면 바깥 사람들이 웃을 겁니다" 하고 말씀드렸습니다.

신동식이 강하게 사양하자 박 대통령은 그에게 옆에 있는 의자를 권했다.
"신 비서관, 여기 좀 앉아 보게."
그러더니 차분히 설명을 시작했다.
"당신은 내가 뭘 필요로 하는지 알아?"
무슨 의도인지 몰라 신동식 비서관이 가만히 있자 박 대통령은 다시 말을 이었다.
"내가 정말 필요로 하는 것은 뜬구름 잡는 통계나 숫

자로 된 경제가 아니라네. 고속도로를 건설하고 정유 공장과 비료 공장을 만들 수 있는 돈과 기술을 외국에서 들여오는 현실적 문제를 해결할 수 있는 구체적 방법을 알고 싶네. 자네는 세계적 회사들에서 일했으니 네트워크가 있을 것 아닌가. 바로 그 네트워크를 활용하기 위해 당신이 경제수석이 되어야 한다는 것이네. 경제 전체를 설계하고 구상하는 뜬구름 잡는 이야기보다, 당장 공장 건설을 할 수 있는 돈과 기술을 가져올 수 있는 사람이 필요해서 당신을 경제수석으로 일하라는 것이지."

대통령의 간곡한 설득을 듣고는 신 비서관도 더 이상 사양할 수가 없었다.

홍은주·이은형, 『코리안 미러클 3. 숨은 기적들: 중화학공업, 지축을 흔들다』 (나남, 2015), 268~269쪽, 53-55쪽

공무원이 최선 다했으면 책임은 내가 진다

필자(고병우)가 일본에 갔을 때 일본 농림성에서는 한국에서 낙교(랏쿄)를 재배해서 일본으로 보낸다면 얼마든지 수입해 가겠다고 약속을 한 것이었다. 일본에서는 대만에서만 수입을 하고 있는데 한국에서도 재배해 주면 수입선(先)을 다변화하게 되어 유리할 것으로 판단한 것이었다.

그러던 것이 낙교가 수확되는 6월이 되자 일본에서 뜻밖의 전달이 왔다. 올해 일본의 낙교 작황이 대단히 좋고 대만도 작황이 좋아서 한국의 낙교는 사기는 사겠지만 1년 후에 보내 달라는 것이었다. 그러니 낙교는 밭에서 수확해 오는데 사 가는 사람은 없고 저장할 곳도 없으니 (농민들이) 군청으로 가지고 가 군청 마당에 놓고 불을 지르며 항의하는 험한 상황에 이르렀다.

농작물을 불태우는 것만으로도 국민을 자극하기에 충분했다. 신문들은 연일 대서특필했다. 데모에 나온 이들은 정부가 농특사업으로 권장해 놓고 사 주지 않으니 농민은 어쩌라는 것이냐고 항의를 계속했다. 담당 국장인 내 이름까지 못 박아 파면하라는 요청이 대서특필되었다. 잘못은 저장 시설을 준비하지 않은 채 권장한 것이었다.

청와대에서는 이 사태에 대한 보고를 매월 경제기획원에서 개최되는 경제동향보고회의에서 종합적으로 보고하라는 지시를 했다. 진봉현 차관이 배석한 가운데 필자가 책임지고 보고 드리기로 했다. 나는 이 보고를 드리는 것을 끝으로 공무원을 그만둘 각오를 하고 있었다. 차트를 열심히 만들어 농특사업 전체의 진행 상황을 정리하고 성공 사례와 실패 사례를 보고 드리면서 마지막으로 낙교 사업의 실패 사례와 농민들의 입장을 말씀드렸다.

"아무런 대책이 없으니 이 모든 책임을 제가 지겠습니다."

단호하게 말씀을 드리고 보고를 마치고 뒤로 나왔다. 문을 닫고 나와 한참 걸었다. 그런데 갑자기 위에서 "고 국장, 각하께서 부르셔" 하는 소리가 들렸다. 진 차관이었다. 별수 없이 다시 회의실로 들어가 대통령 앞에 섰다. 대통령께서는 아래만 쳐다보고 계시다가 침통한 어조로 물었다.

"아까 보고에서 농민들이 생산한 낙교를 다 사 주려면 얼마가 필요하다고 했지? 어느 기관이 사 주는 것이 합당한가?"

"농협이 할 수밖에 없습니다만 죄송해서 요청도 하지

못했습니다."

박 대통령은 또 한참을 생각하더니 결론을 냈다.

"농협 회장 와 계십니까? 담당 국장이 최선을 다해서 지도했는데 예기치 못한 사태 때문에 일이 이렇게 되었으면 정부가 책임져 주어야 하는 것 아닙니까? 우선 농협이 모두 사 주고 정부도 농협을 돕도록 하세요. 고 국장! 앞으로는 이런 일이 생기지 않도록 좀 더 철저히 계획하고 지도하도록 해."

그 지시로 그날 회의가 모두 끝났다.

박 대통령이 최종 결론을 내시며 지시하시는 모습을 보니 모든 책임은 대통령인 나에게 있다는 비장한 표정이 역력하고 너희는 일에 최선을 다했으면 그로써 족하다는 심정인 것 같았다. 인기에만 영합하는 지도자들 같으면 담당 국장을 파면하고 주무 장관을 경질

하면 농민의 분풀이로 충분하다고 생각할 일이었을 것이다. 존경심이 절로 우러나오는 지도자였다. 나는 최선을 다했고, 그 결과가 나빴지만 대통령은 이를 용서해 주고 받아들여 주었다.

고병우, 『혼이 있는 공무원』(늘푸른소나무, 2008), 64~67쪽

반대 의견도 끝까지 경청

박 대통령은 누구의 보고든 보고 내용이 무엇이든 끝까지 경청하였다. 보고를 받을 때 결코 중간에 말을 가로막는 일도 없고 중간에 질문하는 차단도 없었다. 일반의 상상과는 달리 대통령은 자신의 의견에 배치되는 반대 의견도 진지하게 경청하였다.

1966년 3월, 우리 국군의 월남(베트남) 증파 안(案)이 국회에서 심의되던 때의 일이다. 국군 증파를 반대하던 공화당 소속 S 의원이 국회 본회의 표결에서도 여당 의원 중 홀로 정부 안에 기권 표를 던졌다. 대통령의 결정에 공개적으로 반대한 셈이다. 그런데 몇 사람이 모인 자리에서 대통령은 "여당 의원 중 정부 안에 대해 겉으로는 찬성하는 것처럼 말하면서 뒤에 가서는 딴소리를 하고 다니는 사람이 있다고 하는데 S 의원 같이 자기 소신을 정정당당하게 주장하는 사람은 훌륭하다"고 칭찬하는 말을 필자는 들은 일이 있다. 박 대통령은 그와 같이 여러 사람의 의견을 열심히 '듣는 사람'이었다. 박 대통령의 정보원(源)은 다양했다.

김영주, "박 대통령 외교의 단편적 회상: 외교의 골든벨은 항시 자국을 위해 울려라", 박정희대통령기념사업회 회보 『박정희대통령』 제4호(2005년 7월), 11쪽

고속도로 파견 공병들 김장값·샤워기까지 챙겨

김학렬 수석비서관은 나를 대동하고 그가 따로 마련한 방으로 나를 인도했다. 임시로 마련한 청와대 내의 그 방은 307A호실로 박 대통령이 고속도로 계획을 보좌할 나와 공병 장교로 박찬표 중령과 방동식 소령(공병감실 운영과), 그리고 건설부에서 파견된 박종생 기좌(건설부 소속) 등 4명이 한 팀으로 이루어진 사람들에게 주어진 방이었다. 이 방은 신관 2층 경제수석비서관실 바로 옆방으로 대통령 집무실과는 복도 하나를 사이에 둔 곳이었다.

월요일 아침 박 대통령은 나를 불렀다.

"윤 대령, 그쪽 사람들 김장들 했어? 아직 김장들 못 하고 있잖아."

전혀 의외의 질문에 대답을 더듬거리고 있는데

"모두 형편이 어려울 거야. 그래서 내가 김장 비용을

조금 준비했으니 나누어 쓰라고….”
뜻밖의 배려에 당황해서 돈만 받아들었을 뿐 사양할 엄두도 못 내고 돌아설 수밖에 없었다.

윤영호, 『역사적인 고속도로, 그 현장에 서다』(대양미디어, 2006), 21~22쪽

공사는 3교대로 24시간 진행됐다. 아찔한 순간도 많았다. 어느 날은 불도저가 진창에 빠져 요지부동, 움직이지를 않았다. 다른 불도저로 빼내려다 그것마저 진창에 빠졌다. 결국 모든 부대원이 진창 속으로 뛰어들어 불도저에 밧줄을 걸어 당겨 간신히 빼냈다.
"한번은 불도저 한 대가 얼어붙은 밭을 밀다가 30미터가량 뒤로 미끄러진 적이 있었어요. 낭떠러지 비탈이었는데 다행히 사고는 없었어요. 그런 때는 정말

등골에 진땀이 흐르는 정도가 아니지요."

이런 처절한 현장을 보고만 있을 대통령이 아니었다. 연락 없이 불시에 들이닥친 대통령을 먼발치에서 발견한 노부웅 대위는 흙투성이 야전 점퍼를 부랴부랴 벗어 팽개치고 대통령 앞으로 달려간다. 김현옥 서울시장이 대통령을 수행하고 있었다.

"수고가 많군. 부식은 어떤가?"

"흡족합니다!"

"목욕들은 어떻게 하고 있나?"

"네! 저의 중대에서는 소대별로 흑석동에 있는 대중탕을 교대로 이용하고 있습니다."

대통령은 노 대위의 상의 옷깃을 손으로 가볍게 들춰 속을 들여다보고는 고개를 끄덕였다.

브리핑이 끝나고 대통령은 돌아갔다. 그로부터 사흘

쯤 지나, 병참부 소속이라고 밝힌 군인들이 야전용 샤워기 6대를 싣고 와서 건설 현장 곳곳에 설치한다. 보일러로 물을 데워 쓰는 샤워 시설이었다. 이를 본 모두의 입은 함지박만큼 벌어졌고, 중대장 노부웅 대위가 제일 먼저 그 샤워기로 몸을 씻었다. 장병들의 사기가 높아지지 않을 수가 없었다.
"살맛 나더군요. 천막 밖에는 허옇게 눈이 쌓여 있었습니다. 대통령의 자상한 보살핌에 진심으로 감사했습니다."
그날 이후 새로운 장비도 투입됐다. 이때 들여온 스그레이퍼 등 중장비는 건설부가 고속도로 공사를 위해 마련한 것으로, 당시 공병대가 보유하고 있던 중장비들을 압도할 만큼 좋았다.

금수재, 『박정희와 고속도로』(기파랑 2021), 156~157쪽

공장 조경, 종업원 편의 기준으로

박 대통령은 공장 조경 경진대회도 열도록 했다. 전국의 공장들을 상대로 한 조경 경진대회를 개최하여 선의의 경쟁을 유도하고, 경진대회 결과를 대통령에게 보고하도록 하였다.

이 보고를 받은 박 대통령의 반응이 기록으로 남은 것이 있다. 경진대회 결과를 보고하는 차트 위에 친필로 "공장 조경은 임원 편의 중심의 조경보다는 종업원의 건강과 복지를 배려하는 조경으로 하라"고 지시한 것이다. 이에 따라서 공장들은 휴식 시설, 운동 시설 등을 설치하고, 대기 오염 가스(예: 아황산 가스)를 잘 흡수하는 환경 정화수를 심게 되었다.

이경준, 『한국의 산림녹화, 어떻게 성공했나?』(기파랑, 2015), 246쪽

새마을연수원 의자·이불까지 손수 챙겨

지난 72년 2월 22일인가 우리 연수원 창설 개강 약 3주 후 예고 없이 찾아오셨을 때 일이다. 교육 현황을 보고 드렸더니 만족해 하시면서 수료생 설문을 자상하게 물어보신 후 강의실에 들르셔서 맨 뒷줄에 앉아 있는 연수생의 의자에 손을 잡고 허리를 구부려 귀와 눈을 같이 맞추어 칠판을 보시더니 "뒷줄에서는 잘 안 보이니 계단식으로 의자를 높여 주고, 마이크 소리가 좋지 않으니 성능 좋은 것으로 고쳐 주라" 하시고, 생활관에서는 연탄 가루가 흩어져 있는 복도에 구두를 벗으시고 올라오시어 침구를 일일이 만져 보시너니 "원장, 침구가 이만하면 됐어. 아까 설문에 이불이 얇아 좀 춥다는 사람이 몇 사람 있었는데, 많은 사람이 모이면 한두 사람 불편을 느낄 수도 있는 법이니 과히 구애받지 말고 소신대로 하라"는 세심한 배려에 나는 눈시울이 뜨거워짐을 느꼈다.

김준, "[내가 본 박 대통령] 마치 살림 난 아들 집을 찾아온 듯 언제나 친근감을… 연수원 침구, 식사 등에도 마음 쓰는 농민의 아버지", <서울신문> 1978년 1월 19일

이리역 폭발사고 이재민 천막촌까지 들러

나는 지난 이리역 폭발물 사고 시 박 대통령의 인간성에 접할 기회를 가졌다.

사고가 난 이튿날인 (1977년 11월) 12일 오전 11시 대통령이 이리시청에 긴급히 오셔서 피해 상황을 보고 받으시고 떠나면서 나에게 하시는 말씀이 "전화위복이라는 말이 있지 않은가. 국가에서 예산을 세워 잘 복구할 것이니 시민들을 잘 위로하여 조금도 동요가 없도록 하라. 나의 이 뜻을 주민들에게 전하라"고 하셔서 나는 주민(이재민)들을 모아 놓고 대통령의 말씀을 전한 적이 있다. 대통령의 말씀은 참으로 이들에게 큰 힘이 되어 재건에 스스로 박차를 가하게 되었다.

또 그 며칠 후 전주에서 열린 전국 새마을 지도자 대회에 대통령께서 참석하신 후 이리 소라산 천막촌에 들르시어, 몇 집을 직접 들어가 살펴보시고 방한이 되도록 "천막 안에 베니어 판벽을 대라", "천막 안의 주거 면적을 넓게 가지도록 직접 쓰지 않는 가재는 아파트 입주 시까지 창고를 지어 보관하도록 하라"고 도지사, 시장에게 지시하시기도 했다. 또 눈이 많이 오는 날이거나 기온이 내려갈 때는 이재민들을 염려하셔서 "천막이 괜찮으냐", "추위에 떨지나 않느냐"고 청와대에서 전북지사에게 전화까지 거셨다. 이와 같은 대통령의 염려는 마치 부모가 어려움을 당한 자식을 대하는 것과 다를 바 없다.

이춘기, "[내가 본 박 대통령] 어려움 당한 자녀를 보살피듯 국민과 함께 사는 자상한 성품", <서울신문> 1978년 5월 4일

가뭄 걱정에 잠을 설쳐요

몇 해 전 여름인가로 기억하는데 아마 몇십 년 만에 처음이라는 심한 가뭄이 계속되고 있을 때 우연한 기회로 청와대에 들어가 박 대통령을 뵈온 적이 있었다. 오랜만이기도 했지만 나는 그때 박 대통령이 전보다 유난히 수척해 있는 모습을 보고 외람되지만 그 연유를 물었다. 박 대통령은 그때 조용히 그리고 아무런 꾸밈이 없이 이렇게 대답하시는 것이었다.

"비 오는 소리를 듣고 자려고 이제나저제나 하다가 새벽까지 기다리게 되지요. 그러다가 잠을 설친 탓인지 끝내 잠을 자지 못하면 술을 좀 마시곤 해서 그런 것 같습니다."

나는 그날 집에 돌아가서도 박 대통령의 그 말이 귓가에 남아 있는 듯해서 잠을 이루지 못했다.

이갑성, "[내가 본 박 대통령] 평범 속에 비범한 인품을 지녀… 빗소리 들으려다 잠 설치기도", <서울신문> 1978년 6월 8일

어린 여공의 한도 못 풀어 준단 말이오?

1970년대 초 박정희가 경남 마산의 한일합섬 공장을 시찰할 때의 일이다.

수천 명의 여공들이 열심히 수출용 스웨터를 만들고 있었다. 다른 여공보다 어려 보이고 키도 작은 한 여공을 본 대통령이 머리를 쓰다듬으며 소원이 무엇인지 물었다. 그러자 소녀의 입에서 전연 뜻밖의 말이 튀어나왔다.

"공부를 못 한 것이 한입니다. 저도 영어 공부를 하고 싶습니다. 영어를 잘 모르니까 감독님 말씀을 잘 알아들을 수가 없어요."

순간 대통령이 울컥하여 말끝이 갈라지고 흔들리더니 이내 눈에 이슬이 맺혔다.

감정을 추스른 대통령은 옆에 있던 김한수 한일합섬 사장에게 "이 아이들이 공부할 수 있는 길이 없겠습니까?" 하고 물었다. 대통령의 뜻을 알아챈 김 사장은 "당장 야간 학교를 개설하겠습니다. 중학교 과정부터 시작하겠습니다"라고 답했다.

"이 기회에 우리가 힘을 합쳐 돈이 없어 공부를 하고 싶어도 하지 못한 아이들의 한을 풀어 줍시다. 시설도 잘 해서 공부한다는 자부심을 갖도록 해 주셨으면 합니다."

대통령의 눈물로 인해 1974년 산업체 부설 야간 실업학교 제1호인 한일여자실업고가 개교했다. 이 학교의 교훈은 '어려운 시련과 곤궁도 이를 극복할 수 있는 소녀 이외에는 이 교문을 들어설 수가 없다'였다.

3년 뒤 1977년 초. 한일여실고의 첫 졸업식이 가까워 오면서 예상치 않은 문제가 발생했다. 문교부가 규정에 의거, 이 학교는 정식 인가를 받은 3년제 고교가 아니므로 수료증은 가능하지만 정식 학력을 인정할 수 없어 졸업장을 줄 수 없다는 통보를 한일여실고에 보내온 것이다.

보고를 받은 박정희는 즉시 문교부 장관을 불렀다.

"장관, 돈이 없어 공부를 못 한 것이 한이라는데, 어린 소녀가 낮에 일하고 밤에 열심히 공부했는데 그래, 그 한도 못 풀어 준단 말이오? 그런 규정은 당장 뜯어고치시오!"

대통령의 준엄한 질타에 당장 행정명령으로 규정이 고쳐져 졸업생 1,258명 모두 정식 학력을 인정받아 졸업장을 받게 되었다.

한일여실고가 개교한 이후 공단의 기업체마다 근로자들을 위한 야간 학교가 개설되었다.

김용삼, 『사람을 사랑한 대통령: 박정희의 옆얼굴』(기파랑, 2018), 54~57쪽

02

실용
實用

강물이깊으면
물이조용하다

병오년새아침   박정희

알차게 내실을 기르자

박정희 대통령의 1966년(병오) 신년 휘호 '강물이 깊으면 물이 조용하다'. '빈 수레가 요란하다'에 대비되는 말로, 조용히 내실을 다지는 국민의 성숙한 시민 의식을 촉구하는 뜻을 담았다.

공병 장교와 나흘 동안 지도 색칠

대통령 집무실로 안내한 김학렬 비서관은 자기 업무의 브리핑을 서둘러 끝내고, "공병감 박병순 장군이 추천한 윤영호 대령"이라 소개했다. 그분은 책상에서 일어나 나에게로 다가와 먼저 손을 내밀어 내 손을 잡고 내 명찰에서 이름을 확실히 확인하고 손을 잡은 채로 나를 이끌어 가며 "윤 대령, 우선 자리에 앉아요. 잘 왔어요. 나를 좀 도와 우리 고속도로를 한번 만들어 봅시다."

내가 평소에 혼자 상상하던 형님 같은 분이 거기 앉아 계셨다.

"윤 대령, 내 방으로 따라오시오."

나는 깜짝 놀랐다. 그분의 사무실 벽 전체에 지도가 걸려 있었다. 철저한 준비에 그분을 한 번 더 쳐다보지 않을 수가 없었다.

"윤 대령은 공병 장교니까 지도에 대해서 잘 알겠구만. 이것이 우리나라 100만분의 1 지도, 이것은 50만분의 1 지도…" 등등 그 지도 위는 붉은색, 푸른색으로 표시된 암호로 가득했다. 그분은 경부간 고속도로를 당신의 머릿속에 그리며 지도 위에 저렇게 혼자만의 생각을 그려 놓고 계셨던 것이다. 몇 날 며칠 씨름을 하신 흔적이 역력함을 명료하게 드러내고 있었다.
"그런데 윤 대령, 내 부탁을 하나 들어주어야 하겠어. 이 방에는 지금 서울에서 수원 간 5만분의 1 지도와 1만 2,500분의 1 지도가 아직 준비되지 않았거든. 고속도로 1차 구간이 서울에서 수원으로 잡힌다고 보아 그 지도들이 반드시 필요하단 말이야. 그러니까 윤 대령은 오늘 중으로 이 지도들을 구해서 가져왔으면 좋겠는데" 하시었다.

"문제없습니다. 누구의 명령인데, 너무나 쉬운 심부름입니다."

10시에 육군본부에 도착, 지도 구입을 신청했다. 반입 허가서를 들고 영등포 소재 6관구 사령부에서 그 지도들을 지프 트레일러에 싣고 쏜살같이 청와대로 달려가 대통령 앞에 지도들을 놓아 드렸다. 대통령은 환한 얼굴로

"윤 대령, 지도에 고지 색칠하는 방법은 잘 알겠지?"

"네 알고 있습니다."

"그럼 한번 해 봐."

그분은 지도 위에 노선에 대한 표시를 내게 일러 주었다.

"그렇지, 그렇게 하는 거야."

이렇게 대통령과 나는 4일 동안 지도 위의 고속도로

(서울~수원) 노선 표시 색채 작업을 계속했던 것으로 기억된다. 대통령은 나름대로 오랫동안 계획을 세우셨던 일이라 속전속결로 처리하셨고 나 또한 보조를 맞추는 데 무리가 없었다.

윤영호, 『역사적인 고속도로, 그 현장에 서다』(대양미디어, 2006), 18~21쪽

사람들 몰려들까 봐 지형 답사 대신 시켜

대통령은 돌아서는 나를 부르셨다.

"내가 어제 일요일날 차를 타고 고속도로 노선 때문에 말죽거리로 갔었지. 처음에는 사람들이 나를 몰라보는 것 같아 지형 관찰이 수월했으나 한두 사람이 나를 알아보기 시작하더니 나중에는 사람들이 마구 몰려와서 도저히 관찰을 할 수 없었어. 그래서 하는 말인데, 윤 대령이 나 대신 수원까지 고속도로 노선 지형 관찰을 다녀와야겠어."

"네. 다녀와 보고를 드리겠습니다."

"그런데 말이야, 나와 약속해야 할 사안이 두 가지가 있는데, 첫째는 오는 도중에 이 사업과 연관된 누구도 만나지 말 것과, 둘째로는 늦더라도 오늘 중으로 내게 보고해야 하는 것, 늦더라도 말이야. 이 두 가지는 더 말하지 않아도 윤 대령은 틀림없이 지킬 것이라고 믿고 있지만."

당시의 한남동은 한적하기 이를 데 없는 시골이었다. 밭자락, 논자락에는 겨울로 들어서는 스산한 바람이 스칠 뿐 인적은 없었다. 목적지(지금의 한남대교)인 한강 건너에는 허허벌판 모래사장이 아득히 펼쳐져 있었다. 그곳부터 도보로 가다가 지프를 타고 가다 서다를 반복하며 지도에 표시된 고속도로 예정 코스 답사를 시작했던 것이다.

윤영호, 『역사적인 고속도로, 그 현장에 서다』(대양미디어, 2006), 22~23쪽

철저히 현장 중심… 허식보다 내실

고속도로 건설이건, 지하수 개발이건, 조림(造林) 사업이건 간에 지시한 일은 반드시 확인했습니다. 장관으로부터 보고만 받은 게 아니라 필요하면 국장, 과장, 실무자를 찾아 직접 물어보고 확인했습니다. 담당자들은 '내가 하는 일은 대통령께서 관심을 갖는 중요한 일이구나' 하는 생각에 정말 열심히 일했습니다.

김정렴(<월간조선> 2009년 12월호)

박 대통령은 1964년 7월 경북 지역의 한 군수로부터 한해(旱害, 가뭄 피해)에 대한 현황 보고를 받는 자리에서 군수의 새하얀 팔뚝을 보고 "군수, 그 팔이 뭡니까. 현장에 몇 번이나 나가 봤소!" 하고 질책하며 책상머리에 앉아 입으로만 상황 설명을 하는 일선 행정

책임자의 자세를 나무랐다.

박 대통령은 1965년 3월 전남도청에서 도정(道政) 보고를 받을 때도 커튼을 두르고 전등을 밝히는 등 요란하게 실내 장치를 한 다음 장황한 보고를 하는 도지사에게 "대낮에 전등은 뭣 때문에 켜며, 그렇게 계획만 세우는 중이라니 실천은 언제 할 것인가?" 하고 형식주의를 질타하였다.

1967년 1월 호남 지방 연두 순시를 위해 광주로 가기 위해서 김포공항으로 향하던 도중 경의선 건널목에 이르렀을 때, 경찰관들이 고속으로 달려오는 기차를 세우고 대통령의 승용차를 먼저 통과하도록 하는 일이 있었다. 박 대통령은 즉석에서 관계관을 불러 "기차와 자동차가 마주쳤을 경우 열차를 먼저 통과시킨다는 것은 어린아이라도 알 만한 상식인데, 아무리 대통령 차라도 상식 밖의 일을 해서 되겠느냐"고 힐책하였다.

또 1969년 5월 영남 지방을 둘러보는 자리에서는 경남 진양군(현 진주시)에서 접도 구역 내의 초가(草家) 강제 철거를 지시한 도지사의 사표를 전격적으로 수리하는 한편, 다음 날 정부·여당 간부들에게 "아무리 접도 구역이라 할지라도 이미 서 있는 건물을 아무 대책 없이 헐어 버린 것은 언어도단이다. 특히 내가 시찰한다고 있는 집을 헐고 생나무를 베어다가 눈가림으로 환경 미화를 한다고 하는 것은 매우 불쾌하기 그지없다"고 하면서 공무원들의 과잉 충성에 대해 단호한 조치를 취했다.

김영섭 외, 『과학대통령 박정희와 리더십』(MSD미디어, 2010), 88~90쪽

1970년대 후반 당시 청와대 김성진 대변인이 프롬프터를 구입해 대통령께서 사용하시도록 건의한 일이 있었다.

박 대통령은 김 대변인에게 이렇게 말했다고 한다.

"그런데 그것이 즉흥 연설하는 것처럼 쇼 하는 것 아닌가? 나는 그런 게 싫소. 지금처럼 앞으로도 원고를 보고 읽을 테니 그렇게 아시오."

박정희 대통령은 끝내 프롬프터를 사용하지 않았다.

박정희 대통령은 명예박사 학위가 없다. 집권 기간 동안 국내외의 각 대학으로부터 여러 차례 공식적으로 명예박사 학위 수여를 제의 받았지만 박 대통령은 일언지하에 이를 거절했다.

"박사 학위는 학자들이나 전문가들이 받는 것이지 나 같은 군인 출신이 어울리지 않게 무슨 박사 학위를 받는가?"

김두영, 『가까이서 본 인간 박정희, 인간 육영수』(개정 3판, 대양미디어, 2017), 120~121쪽

모든 결정은 실무자부터 납득시킨 뒤에

김영준 장관에 이어 1968년 이계순 장관, 1969년 조시형 장관이 농림부 장관이 되고, 나는 농업개발국장이 되었다.

단경기(斷耕期) 농수산물 가격의 급등락을 본 박 대통령이 '농수산물 연중 가격 평준화 계획'을 작성 보고하라는 지시를 내렸다. 급히 차트를 만들어 집무실로 들어갔다. 이후락 비서실장, 김학렬 부총리, 정소영 경제수석비서관, 조시형 장관, 서석준 경제기획원 물가국장이 배석했다.

오후 2시부터 시작한 회의는 고추 가격 안정 대책에서 걸렸다. 대통령은 "양도 많지 않은데 이 성수기에 조금 외국에서 수입해서 가격을 안정시키는 것이 좋겠다"는 의견이었다. 그런데 보고자인 나는 다른 취지로 건의했다.

"금년에 고추 가격을 안정시키려고 외국에서 수입한다면 내년에는 일반 농가들이 고추를 많이 심지 않을 것이고, 그리 되면 내년에도 수입해야 할 것입니다. 그렇게 되면 한국의 고추 농업은 외국산 고추에 시장을 내주어야 할 것 같습니다. 금년은 성수기도 많이 지나갔으니 농협을 시켜 전국의 고추를 모아 서울의 고추 값을 안정시키고, 내년부터 농업 관측을 잘 해서 농민들이 예상 가격을 알고 재배하도록 하는 것이 좋겠습니다."

대통령은 이 건의를 선뜻 받아들이지 않았다. 보고 시간이 3시간이 넘어가자 대통령은 "옆방에 다른 회의가 있으니, 이 멤버 그대로 앉아서 더 토론해 보라"며 자리를 떴다. 남은 이들 모두 "고 국장이 양보하라"고 하였지만, 나는 한국 농민의 심리를 알기에 양

보할 수 없었다. 우리끼리 논의는 중단되고, 2시간쯤 뒤 대통령이 돌아와서도 논의는 여전히 평행선을 달렸다. 최종적으로 금년에 한해서 일정량을 수입하고 내년에는 농업 관측을 잘 하기로 하고, 이를 내가 발표하는 것으로 결론지었다. 다음 날 〈조선일보〉에 대서특필로 고추 수입 기사가 났고, 나는 욕을 좀 들었지만 고추 수입은 올 한 해만으로 못 박았으니 정책은 지킨 셈이었다.

이렇게 박정희 대통령은 무조건 명령하고 지시하는 것이 아니라 실무자를 납득시킨 뒤에야 결정을 하는 식이어서, 행정에 관한 결정에서도 독단적 권위를 휘두르는 일이 없었다.

고병우, 『새마을운동 이렇게 시작됐다』(기파랑, 2020), 156~157쪽

리베이트 건네자 "그 돈만큼 총을"

1968년까지 우리 국군의 보병들은 구닥다리 M-1 소총을 사용하고 있었다. 이에 한국군의 전투력 강화를 위해 보병들의 M-1 소총을 최신식 소총인 M-16으로 교체하기에 이르렀던 것이다.

그해 여름 푹푹 찌는 어느 날 M-16 소총을 만드는 맥도널 더글러스 사(社)의 중역 D. 심프슨 씨가 박 대통령 알현 차 청와대를 방문한 것이다. 그는 자기네 회사의 M-16 소총을 구입한 나라 대통령에게 감사를 전하겠다는 명분이었다.

비서관의 안내로 대통령의 집무실로 들어선 심프슨은 놀랐다. 그리고 자기 눈을 의심하지 않을 수 없었단다. 서류가 산더미처럼 쌓인 책상 위 대통령보다 엄청나게 큰 의자에 파묻히다시피 한 대통령은 처음에 보이지 않았다. 박 대통령은 오른손으로는 서류를 열심히 작성하고 한 손에 들린 부채로 쉴 새 없이 바람을 일으키고 있었다. 대통령은 일어서 땀을 비 오듯이 흘리는 자기를 반가이 맞으며 악수를 청했다. 대한민국, 그 나라의 대통령, 일국의 수반인 대통령이라고 도저히 믿어지지 않는 초라하기 이를 데 없는 방이 아닌가. 비서가 방을 잘못 찾아 안내한 것이 아닌가 하는 생각도 했다는 것이다. 그러나 그가 이분이 대통령이 맞구나 하는 생각으로 금시 바꿀 수 있었던 것은 그분의 눈초리는 한 나라의 주인다운 기상을 내뿜고 있었다는 것이다.

숨이 막히도록 더운 방안의 열기로 땀을 주체 못 하는 심프슨 씨에게 그분은 "아, 내가 내 생각만 하고 손님에게 실례를 저질렀습니다. 조금만 기다리십시오. 금방 시원해질 겁니다."

그리고는 비서관에게 손님이 갈 때까지 에어컨 가동을 시키고

"이 방은 나 혼자 사용하고 있는데 기름 한 방울 생산되지 않는 나라에서 에어컨 가동은 국가적으로 경제를 낭비한다고 생각해서 나 혼자 있을 때에는 어릴 때부터 손에 익은 부채로 냉방을 대신한답니다. 뜨거운 땡볕 아래서 비지땀을 흘리며 일하는 많은 국민들에 비하면 나로서는 이 정도의 더위는 전혀 고통스럽다고 여길 수가 없고 그들에게 오히려 미안하다는 생각이 든답니다."

그는 무기 판매로 대통령이나 한 나라의 수반들을 수없이 만나 보았지만 박 대통령과 같이 나라와 국민들을 절실하게 걱정하는 경우는 처음이고 특히 후진국 대통령에게서 전혀 찾아볼 수 없는 신선한 충격을 받

앉다고 술회하고 있었다.

"제가 이렇게 각하를 찾아뵈옵게 된 것은 각하에게 저희 맥도널 사가 생산하는 M-16 소총을 한국에서 대량 구입하도록 결정하여 주신 것에 감사를 드리려고 이렇게 방문한 것입니다."

심프슨은 커다란 봉투 하나를 내밀면서, 좀 전의 자기가 받았던 대통령의 그 꼬장꼬장한 첫인상으로 틀림없이 그 봉투는 비토(veto) 될 것이라고 생각되어 내심 걱정이 앞섰다는 것이다. 왜냐하면 그 봉투에는 거금이 들어 있었기 때문이다.

박 대통령은 그 특유의 과묵한 표정으로 봉투를 뜯어 그 돈들을 세어 보시다가 "어, 이거 100만 달러 아니야! 내 봉급으로는 대통령을 세 번을 해도 만져 볼 수 없는 거금이로군" 하면서 환한 미소를 띠며, "심프슨

선생, 이 거금을 정말 내게 주는 것입니까?"

"물론입니다. 각하께 드리려고 가지고 온 돈입니다."

"정말로 주신다니 감사히 받겠습니다."

심프슨은 처음에 대통령이 쾌히 그 돈을 받아 챙기는데 의외라는 생각이 들었지만, '그러면 그렇지, 후진국 대통령의 속성에서 박 대통령도 벗어나지 않은 별수 없는 대통령'이라는 생각에 실망스럽기까지 했다는 것이다.

"그렇다면, 틀림없이 이 돈은 내 것이 되었다는 것이 증명이 된 바에야 이제 이 돈을 내 마음대로 써야 할 때가 된 것 같습니다."

그러면서 그 돈 봉투를 심프슨 씨 앞으로 내미는 것이 아닌가.

"이 100만 달러에 해당하는 M-16 소총을 우리나라에 보내 주시기 바랍니다. 내게 필요한 것은 돈이 아니라 총이니까요."

'이거 참 대단한 인물이구나. 이렇게 큰 인물을 이렇게 작은 나라, 이렇게 가난한 나라에서 만나다니.'

그는 박 대통령과 같은 사람을 만났다는 자체만으로도 대단히 영광스러웠다고 했다.

윤영호, 『역사적인 고속도로, 그 현장에 서다』(대양미디어, 2006), 232~236쪽

03

결단
決斷

내 一生 祖國과
民族을 爲하여
1974. 5. 20.
大統領　朴正熙

영혼을 바칠 곳은 오직 조국뿐

1974년 5월 20일 자 휘호 '내 일생 조국과 민족을 위하여'. 박정희 대통령 집권 18년 6개월의 마음가짐을 한마디로 압축해 보여 준다.

주위 반대 무릅쓰고 제주 5·16 도로 건설

박 의장은 당초 예정보다 2시간 빠른 오후 3시쯤 제주 비행장에 도착했고 공항으로 영접 나온 각급 기관장, 유지들과 반갑게 웃으며 일일이 악수하며 인사를 나눴다.
박 의장은 공항에서 곧바로 한라산 횡단도로 포장 공사가 진행 중인 산천단 현장을 찾아 둘러보았다. 박 의장의 기분이 매우 좋아 보였고 만족한 것 같아 나 역시도 기뻤다. 박 의장의 최고의 관심사가 바로 한라산 횡단도로(5·16 도로)의 포장 공사였던 것이고 조금이라도 빨리 그 성과를 보고 싶어 했던 것이다. 한라산 횡단도로 포장 공사는 나의 제안에 의해서 시작된 것이지만 중앙 정부 관료 등 주위의 반대를 무릅쓰고 박 의장이 직접 결단하지 않았다면 결코 이루어질 수 없는 사업이었기 때문이다.

나는 박 의장이 제주를 방문한 이유 중 하나도 바로 혁명 정부의 의지가 반영된 한라산 횡단도로 포장 공사의 진척 사항을 직접 확인하고 싶어 했기 때문이 아닌가 하고 생각한다.

김영관, 『제주 개발 50년의 서막을 열다』(제주일보, 2014), 222~224쪽

일본과 국교 재개 결단, 한국 역사를 바꿨다

돈을 빌리기 위해 동분서주하던 한국은 지구상의 또 하나의 분단국 서독에 한 가닥 희망을 걸었다.

서독이 한국에 선사한 것은 상업 차관만이 아니었다. 돈 꿔 달라고 조르는 박 대통령에게 서독의 에르하르트 총리는 만찬 자리에서 매우 귀중한, 향후 한국의 역사를 바꿔 놓을 일곱 가지 조언을 했다. 이를 통역한 백(영훈) 원장은 두 사람이 나눈 대화를 낱낱이 기록했고, 외무부에 그 기록을 넘겼다.

에르하르트 총리는 박 대통령의 손을 꼭 잡고 이렇게 말했다.

"내가 경제 장관 할 때 한국에 두 번 다녀왔다. 한국은 산이 많더라. 산이 많으면 경제 발전이 어렵다. 독일을 보라. 히틀러가 아우토반(고속도로)을 깔았다. 한국에도 고속도로를 깔아야 한다.

그리고 그 길을 달릴 자동차를 만들어야 한다. 그런데 자동차를 만들려면 철이 필요하다. 그러니 제철 공장을 만들어라. 정유 공장도 필요하다. 자동차 연료로도 필요하지만, 앞으로는 석유 화학 공업 시대다. 나일론 섬유, 플라스틱 공업 등 연관 산업이 일어난다. 독일은 '마이스터'라고 하는 기능장 제도가 있다. 한국도 기술 인력을 육성하는 제도가 필요하다. 한 나라의 경제가 안정되려면 중산층이 탄탄해야 하는데 그러려면 중소기업을 육성해야 한다. 우리가 돕겠다."

여기까지 단숨에 말한 에르하르트 총리는 잠깐 뜸을 들이더니 "마지막으로 부탁이 하나 있다"고 했다.

"일본과 손을 잡아야 한다. 이것은 공산주의를 막기 위해 중요한 일이다."

이렇게 말하자 박 대통령의 안색이 싹 달라졌다. 그러나 총리는 아랑곳하지 않고 얘기를 계속했다.
"독일은 프랑스와 32번을 싸웠다. 독일은 한 번도 싸움에서 진 일이 없다. 그러나 전쟁에선 모두 패했다. 독일인은 지금도 한이 맺혀 있다. 그러나 제2차 세계대전이 끝나자 서독의 아데나워 총리는 프랑스 드골 대통령을 찾아가 악수했다. 한국도 그렇게 했으면 좋겠다."
박 대통령은 화난 사람처럼 "우린 일본과 싸운 일이 없다. 매일 맞기만 했다. 얼마 전까지만 해도 일본이 한국을 36년 동안 지배했다"고 반박했다. 그러자 에르하르트 총리는 "지도자는 미래를 봐야 한다"고 강조했다.
백 원장은 이 대목을 통역하면서 일본 정부가 서독

총리에게 이 얘기를 부탁한 게 아닌가 싶었다. 어쨌든 박 대통령은 "일본이 사과하면 받아 줄 수는 있다. 우린 아량이 없는 국민은 아니다"라면서 굳은 얼굴을 폈다.

이것이 한일 국교 정상화의 씨앗이 됐다. 이듬해 한일 협정이 체결된 것. 서독 총리와 나눈 두 시간 남짓의 대화가 한국의 역사를 바꾼 셈이다.

『파독광부 45년사』((사)재독한인글뤽아우프회, 2009), 45~46쪽

안보·경제 두 마리 토끼 잡은 베트남 파병

한국이 베트남에 파병을 한 당시인 1960년대 중반이 오늘과 현격하게 달랐던 한 가지 안보 현실은 북한군의 능력이 한국군을 완전히 압도하는 수준이었다는 점이다. 1960년대 초반 한국 정부 예산의 52퍼센트가 미국의 원조로 충당되고 있었다는 사실, 국방 예산의 72.4퍼센트가 미국의 원조로 충당되었다는 사실은 주한 미군의 존재와 미국의 군사 원조가 한국 방위의 모든 것이나 마찬가지인 상황이었음을 말해 준다.

그런데 미국이 베트남 전쟁이라는 진흙탕에 발을 담그기 시작한 후, 서서히 베트남에 보낼 병력이 부족해지고 있는 상황에서, 한국 정부는 혹시 주한 미군이 베트남으로 빠져나가는 것 아닌가 하며 불안을 느끼지 않을 수 없었다.

케네디 행정부는 1963년 여름 한국 정부에게 베트

남에 의료 지원단을 파견해 달라고 공식 요청했고, 1964년 5월 존슨 행정부는 한국을 포함한 우방국 25개국에 베트남 전쟁에 지원을 요청하는 서신을 보냈다.

박정희 대통령은 이미 마음속으로 베트남 파병을 결심하고 있는 상황이기는 했지만 미국의 요청을 받고 한국 정부가 신속하게 파병을 결정한 것은 아니었다. 채명신 장군은 오히려 박 대통령이 베트남전 파병을 강력한 어조로써 반대했었다는 사실을 증언한다. 박정희 대통령이 베트남전 파병을 최종적으로 결심하는 며칠 동안 육영수 여사가 하루에도 몇 번씩 담배꽁초가 수북하게 들어찬 재떨이를 비워야 했다는 일화는 베트남전 참전 결정 과정의 고뇌를 말해 준다.

파병을 결정한 박정희 대통령이 염두에 둔 두 가지

전략 목표가 있었다. 첫째는 파병을 통해 국가 안보를 확실히 하고, 둘째는 경제 발전의 초석을 놓자는 것이었다. 미국의 요청에 응함으로써 한국은 6·25 당시 미국의 참전에 대한 보은(報恩)을 하는 동시에 한미동맹을 보다 긴밀한 관계로 격상시킬 뿐 아니라, 한국군의 베트남 파병은 주한 미군의 베트남전 차출을 방지할 수 있을 현실적인 대안이라고 생각했다.

국방군사연구소의 최용호 박사는 "결과적으로 한국군의 베트남 파병은 미국의 적극적인 지원으로 국가의 안보와 경제 문제를 해결해야 할 박정희 정부가 미국의 지원을 유도하기 위해 반대급부로 활용한 국가 전략이었다"라고 평가하고 있다.

이춘근, 『미국에 당당했던 대한민국의 대통령들』(글마당, 2012), 213~214쪽

옳다고 판단하면 그 자리에서 실행

일찍이 일본으로 건너가 사업가로 변신한 친구가 있었습니다. 그 친구가 하는 말이 "한국에 와서 보면 왜 장관들이 외국 차를 타고 다니느냐? 일본 대신(大臣)들은 절대 그런 경우가 없고 국산 차를 타고 다닌다. 만약 성능이 떨어져서 그렇다면 장관이 솔선해서 외제 차 한 대 타는 동안에 국산 차 두 대를 타는 게 어떠냐"라고 얘기를 해요.

그때(1964년) 청와대 공보실에서 비정기적으로 논설위원들 혹은 대학 교수들 중에 몇 명을 초청해서 널리 의견을 청취하는 관행이 있었습니다. 거기에서 제가 제 친구의 얘기를 했어요. 대통령 지시로 장관을 비롯해서 고위 공직자는 바로 차를 바꾸라는 명령이 떨어졌어요. 그때 '아하 박 대통령은 이런 분이구나. 그게 옳다, 나라를 위해서 필요하다고 생각하면 바로 실천에 옮기는 지도자가 바로 박 대통령이구나.' 저는 깊은 감동을 받았습니다.

임방현, 박정희대통령기념사업회 회보 『박정희대통령』 제29호(2011년 10월), 32쪽

김완희 박사는 "1967년 8월 30일 대통령 요청으로 귀국해 한국의 전기 기계 공업(당시엔 전자 산업이란 말을 쓰지 않음) 현장을 나흘간 둘러봤다. 이어 청와대에서 전자 산업의 정의부터 선진 기술, 제품 동향, 각국의 육성책 등에 관한 브리핑을 했다. 2시간 동안 놀라운 집중력으로 브리핑을 경청한 대통령은 즉석에서 내게 전자 산업 육성책에 관한 보고서를 만들어 달라며 당시로선 거금인 20만 달러 지원을 약속했다"고 전했다.

그는 특히 "박 대통령은 무엇이든 그 자리에서 해결했다. 뭐가 문제라고 얘기하면 바로 벨을 눌러 비서를 불렀다. 한번은 미국에서 들어올 때면 국군 의장대가 큰 칼로 아치를 만드는 환영식을 하는데 그게 외려 국가 이미지에 안 좋은 것 같다고 하자 그 자리에서 시정을 명했다. 그다음에 들어올 때 보니 정말 없어졌더라. 대통령은 관료들이 이건 법 때문에 안 된다, 저건 관행 때문에 안 된다고 하면 '무슨 소리냐, 법도 우리가 만드는 것'이라며 속전속결로 처리할 것을 요구했다. 관료 손에 들어가면 도무지 안 되는 일도 대통령 한마디면 일사천리였다"고 박 대통령의 '남다른 리더십'을 높이 평가했다.

김영섭 외, 『과학대통령 박정희와 리더십』(MSD미디어, 2010), 39~40쪽

제일제당, 제일모직 등 경공업 분야에서 잇따라 성공을 거둔 호암(이병철 삼성그룹 창업회장)이 1968년 〈중앙일보〉 지면을 통해 "전자 사업에 뛰어들겠다"고 발표하자 온 나라가 난리 났다. 삼성이 진출하면 대한민국 전자업계는 다 망한다며 기존 업계가 가장 크게 반발했다. 국회의원들까지 나서서 삼성이 전자 산업을 하면 안 된다는 의견을 냈다. 삼성이 정부에 사업 허가 신청서를 냈지만 담당 공무원들은 허가서를 내주지 않았다. 기존 업계의 눈치를 보지 않을 수 없었던 것이다. 호암이 직접 나서서 공무원들을 설득하러 나섰지만 사업 허가는 계속 늦어졌다.

호암은 정면 돌파를 하기로 했다. 박정희 대통령을 만난 것이다.

"각하, 전자 산업은 참으로 장래성이 있는 사업입니

다. 이것은 (삼성의 사업이 아니라) 국가적 사업이 되어야 합니다."

호암은 박 대통령에게 간곡하게 설명했다. 박 대통령은 호암의 말을 오랜 시간 묵묵히 들었다. 그러고는 한마디만 했다.

"즉시 전자 산업 전반에 대한 개방 조치를 하겠습니다."

삼성이 전자산업에 뛰어들어도 좋다는 박 대통령의 결정은 속전속결로 떨어졌다.

이대현·최경철·조두진, 『21세기 대한민국 세 거인에게 길을 묻다』(매일신문사, 2014), 123~124쪽

신설 과학기술처 예산, 단번에 70퍼센트 증액

(김기형 과학기술처 초대 장관) 나는 회의 전날까지 심각한 고민에 빠졌다. 당시의 예산 배정 관례는 전년도 예산의 약 10퍼센트를 증액하는 것이었다. 신설 부처인 과학기술처는 10억에 불과해 다음 해에도 10퍼센트 증액된 11억 원이 배정될 것이고, 이 예산 규모로는 과학 기술 진흥과 선진화는 그림의 떡이 될 것이 분명했기 때문이다.

나는 초대 장관으로서 고민을 거듭하다 새벽에야 결심을 했다. 당시 나의 정부 내 서열은 24번째였고, 자기 부처 예산을 줄여 달라는 장관은 없을 터이니 가급적 빨리 발언 기회를 얻어 대통령께 직소(直訴)하기로 결심했다.

회의는 오전 10시 경제기획원 차관보의 1968년도 예산 편성 총칙 설명에서부터 시작되었다. 총칙 설명이 끝나자마자 나는 손을 번쩍 들었다. 박 대통령이 나를 향해 고개를 끄덕이는 것으로 발언해도 좋다는 신호를 보냈다.

"1968년도 예산 총칙에 '예산 편성의 과학화'를 첨가하기로 건의합니다. 왜냐하면 대통령 각하의 특별한 배려로 과학기술처가 신설되었습니다만 신설되는 부서에도 전년도 예산의 10퍼센트 정도만 증액한다면 과학 기술의 새로운 사업, 대외 기술 협력 등이 전면 소멸되어 대통령 각하의 기대에 부응하지 못하게 될 저지가 되기 때문에 과기처 예산의 재편성을 요청합니다."

내 발언이 있은 뒤 예상대로 각 부처는 거의 이의 없이 심의 회의가 끝났고, 회의실 안이 호수같이 조용해질 무렵 박 대통령이 최후 판정을 내렸다.

"과학기술처 예산을 재편성하시오."

대통령은 이 한마디만을 남긴 뒤 회의실을 떠났다.

대통령이 자리를 떠나자 정일권 총리가 나를 불러 "오늘은 과학의 날이야" 하며 축하해 주었다. 이날 나의 당돌한 발언으로 과기처 예산은 70퍼센트나 증액됐고, 그 후 과학 예산에 대한 제약이 많이 완화되었다.

정부 예산안을 심의, 확정하는 자리에서 대통령이 담당 부처의 안을 뒤집고 예산 재편성을 지시한 것은 과학 기술에 대한 관심이 얼마나 막중했는가를 보여주는 사례다.

김영섭 외, 『과학대통령 박정희와 리더십』(MSD미디어, 2010), 265~266쪽

대통령과 통화로 연구비 단번에 확보

(서정욱 전 국방과학연구소장, 과학기술부 장관) 번개 사업에는 내가 할 일이 없었다. 그렇다고 수수방관을 해야 하는가. 그래서 평소 생각하고 있던 분대용 무전기를 개발하기로 결심했다. 이 무전기를 KPRC-6라 명명하고 1972년 천신만고 끝에 KPRC-6를 개발하는 데 성공했다.

같은 해 7월 어느 날, 점심시간 무렵 오원철 경제 2수석의 전화를 받았다. KPRC-6를 가지고 들어오라는 것이다. 잠시 후 들어오지 말고 무전기를 켜 놓고 있으라고 했다. 무진기를 겨 놓고 있는데 잡음이 가라앉더니 묵직한 목소리가 들렸다.

"ADD(국방과학연구소) 나오시오."

박 대통령이었다. 얼떨결에 "ADD 서정욱입니다"라고 했다.

"잘 들리는군, 수고가 많았소."

"감사합니다."

"애로 사항이 있으면 말하시오."

나는 기회를 놓치지 않았다. "KPRC-6는 정식 사업이 아니기 때문에 연구비가 없습니다"라고 했다. 간단한 통화였지만 박 대통령의 대관세찰(大觀細察)에 우리는 감명을 받았다. 그냥 "수고가 많았소"로 끝내는 것이 아니라 연구에 열중한 과학 기술자에게 앞길을 터 주려는 것이었다.

대통령과의 통화로 KPRC-6는 정식 연구 개발 사업이 됐고, 연구 인력, 장비, 과제 등 ADD의 통신 전자 연구 개발 기능이 확충됐다.

김영섭 외, 『과학대통령 박정희와 리더십』(MSD미디어, 2010), 63~64쪽

집사람 쓰러지는 장면도 방송하라

1974년 8월 15일 오전 10시 20분쯤. 서울 중구 장충동에 있는 국립극장 무대 위 연설대에서 박정희 대통령이 특유의 카랑카랑한 음성으로 8·15 경축사를 3분의 1쯤 읽고 있을 무렵이었다. 반짝반짝하는 섬광과 함께 "탕, 탕, 탕" 하고 터지는 4~5발의 총성은 8·15 기념식장을 아수라장으로 만들었다.

"육 여사가 맞았다. 저거 봐, 육 여사가 의자에서 넘어지네. 빨리 육 여사를, 빨리요!"

불과 20~30초간의 일이었다. 박 대통령은 조금도 자세를 흐트러뜨리지 않은 채 관중석을 쏘아보면서 오히려 큰소리로 호령을 했다. "왜들 이리 소란하시오? 조용히들 해요" 하면서, 그제야 단상의 좌우를 살펴보았다.

박 대통령은 육 여사가 의자에 넘어져 있는 장면을

목격했다. 그러나 박 대통령은 아무 일도 없었다는 듯이 담담한 표정으로 다시 경축사를 계속 읽어 내려갔다.

오후 3시가 조금 지나서 김영수 보도국장이 내 방에 뛰어들어 오면서 외쳤다.
"사장님, 미국의 CBS 카메라맨이 오늘 사건 현장에 끝까지 남아서 사건 전모를 전부 잡아 본사로 보냈다고 합니다. CBS는 우리 MBC와 뉴스 협정이 되어 있으니 뉴욕 본사에 사장 명의로 필름을 요구해서 인공위성으로 받아 전국에 때리면 어떻습니까?"
나는 CBS 뉴욕 본사에 긴급 타전(打電)을 시켜 필름 송부를 약속한 텔렉스를 받은 뒤 청와대 비서실의 전석영 총무비서를 통해 박 대통령의 긴급 면담을 요청하여 허락을 받고, 청와대 본관으로 가서 박 대통령을 만났다.

"각하, 오늘 국립극장 사건의 전모를 찍은 미국 CBS 필름을 MBC에서 받기로 했습니다. 위성으로 필름을 보내오면 밤 6시부터 전국에 내보내는 것이 좋겠습니다. 허가해 주십시오."

"뭐, 외국 방송 기자가 찍었어? 그러면 우리 집사람이 쓰러지는 장면이 나오겠는데, 흉하지 않을까."

박 대통령은 남산이 보이는 창밖을 물끄러미 내다보면서 몇 번이고 한숨을 내뿜었다. 박종규 경호실장이 한마디 거들었다.

"각하, 이환의 사장이 말씀드린 대로 텔레비전에 내보내는 것이 좋겠습니다. 북한의 흉계를 국민에게 보여 줘야 됩니다."

"사모님이 쓰러지는 장면은 편집해서 삭제할 수 있습니다."

나는 다시 한 번 박 대통령에게 조심스럽게 건의했다.

"좋아, 내보내. 기왕 방송을 할 바에는 우리 집사람이 쓰러지는 모습도 자르지 말고 다 보여 줘. 모습은 흉하겠지만 국민들이 알 것은 알아야지."

끔찍하고 비통한 일이었지만 내가 겪은 박 대통령의 모습 중에 가장 잊히지 않는 박 대통령의 의젓하고 대담한 모습이었다.

이환의, "집사람 쓰러지는 장면도 보여 줘", 『비록: 한국의 대통령』(조선일보사, 1993), 250~251쪽

육 여사 서거에도 조총련 교포 초청 용단

내가 박정희 대통령과의 관계에서 가장 강렬한 인상으로 남아 있는 일은 조총련 교포의 모국 방문 사업이다.

육(영수) 여사 서거 다음 해인 1975년 그 무렵 나는 신직수 중앙정보부장을 모시고 청와대 안보 회의에 일주일에 2~3회 참석했었다. 박 대통령은 막걸리에 사이다를 타서 권하며 "국정 수행을 위한 무슨 좋은 생각이 없느냐?"고 물어보셨다. 용기를 내어 다음과 같이 진언했다.

"외람되게 감히 말씀드리는데, 1년 전 영부인께서 문세광의 흉탄에 쓰러지신 일, 이는 보복적 관점에서 생각할 것이 아니라 오히려 이를 역으로 활용할 일이라고 생각합니다. 김일성은 북의 동포는 물론, 재일 조총련 동포들에까지도 허위 선전을 일삼고 있습니다. 남한의 번영상을 왜곡해 모두 굶어 죽는 것같이 알고 있으니 무장 간첩을 침투시키고 문세광 같은 암살범을 밀파하는 흉계를 꾸미는 것이 아니겠습니까. 그러니 오히려 무지몽매한 그들을 가슴에 품어 들여서 찬란한 현실을 보여 준다면 잘못을 뉘우치는 계기가 되지 않겠습니까? 그런 정책을 한번 실행해 볼 만하다고 생각합니다."

진언을 듣고 있던 박 대통령은 몸을 부들부들 떨면서 표정이 굳어졌다.

몹시 후회하고 있던 며칠 후, 박 대통령으로부터 구체적 계획안을 제출하라는 지시가 떨어졌다.

박 대통령은 보고를 듣고 난 후 이렇게 말했다.

"사실은 그 말을 듣고는 근혜와 근영을 불러 의논해 보았다. 딸들은 지하에 계신 어머니가 그 사실을 아신다면 아버지는 혼도 없는 사람이라고 노여워하실 것이며, 송충이보다도 더 더럽고 미운 그들을 어떻게 받아들일 수 있는가라고 했다. 그 말도 일리가 있었다. 그러나 한 나라의 대통령인 까닭에 이 정책을 단행하기로 결심했다."

이렇게 해서 오늘날 통일을 위한 남북 대화의 최초의 물꼬를 튼 조총련 동포 모국 방문 사업이 시작된 것이다.

김영광, "조총련 모국 방문을 허가한 용단", 『비록: 한국의 대통령』(조선일보사, 1993), 236~237쪽

100억 달러 수출의 열쇠는 중화학 공업

1972년 4월 3일의 제1호 국산 병기 시연회 이후 본격적으로 방위 산업 육성 계획 수립에 몰두하고 있던 오원철 수석은 1972년 5월 30일 오후 박 대통령으로부터 뜻밖의 질문을 받게 된다.
"임자! 우리가 100억 달러를 수출하자면 뭘 해야 하지?"
중앙청 홀에서 열린 무역 진흥 확대회의가 끝나고 청와대에 돌아와 박 대통령과 차를 한잔 나누는 자리에서 갑자기 던져진 질문이었다. 오원철은 질문의 요지와 정황을 파악하기 위해 바짝 긴장했다.
그동안 청와대에서 지내면서 알게 된 박 대통령의 독특한 화법이 있다. 첫째, 이렇게 구체적 숫자까지 제시하면서 던지는 질문은 지나가는 길에 툭 던지는 무심한 질문이 아니라 그 숫자를 밝히게 된 구체적인 생각이나 계기가 있다는 것이고, 둘째, 그와 관련한 미션을 주기 위해서라는 것이다. 형식은 질문이지만 내용은 사실상 그렇게 만들라는 지시에 가까운 것이다.

그런데 듣고 보니 예사 질문이 아니었다. 불과 3개월 전인 1972년 2월에 제4차 경제개발 5개년 계획 연도인 1981년의 수출 목표를 53억 달러로 확정 지은 터라 도무지 어떤 생각으로 묻는지 짐작하기 어려웠다. 솔직히 53억 달러도 희망 사항에 가까운 액수인데 그 2배나 되는 100억 달러 수출이라면 지금 현재 수출 가망성이 높은 한두 개 업종을 집중 육성한다고 될 일이 아니었다.

하지만 오원철 수석은 당시 침착하게 대응했다.

"각하! 100억 달러 수출을 하려면 중화학 공업을 발전시킬 때가 왔다고 봅니다. 일본 정부는 제2차 세계 대전 후 폐허가 되다시피 한 경제를 소생시키기 위한 첫 단계로 경공업 위주의 수출 산업에 치중했습니다. 현재의 우리나라 사정과 같습니다. 그 뒤 일본의 수출액이 20억 달러에 달했을 때 중화학 공업화 정책으로 전환했습니다. 이때가 1957년도입니다. 그리고 10년이 지난 1967년에 일본은 100억 달러 수출을 하게 되었습니다. 지금 일본은 기계 제품과 철강 제품이 수출의 주력 상품이 되었습니다."

(오원철) 내 추정으로는 1980년대 초 50억 달러 수출 목표로는 북한과의 경제 대결에서 완전하게 압도한다고 보기 어렵고 100억 달러는 되어야 승리했다고 볼 수 있기 때문이 아닐까 생각합니다. 1971년에 북한의 산업을 선전하

는 영화를 본 후 대통령께서 북한의 수출액이 얼마냐고 질문했습니다. 그때 "1976년에 5억~6억 달러로 추산된다"고 답변하자 "북한의 인구가 남한의 2분의 1이니 우리나라의 1970년도 수준이구먼"이라고 하셨습니다.

이때 대통령께서 북한의 수출액이 예상보다 크다고 느낀 것 같습니다. 남한의 자유 경제 체제가 북한의 사회주의 체제보다 우월하다는 것을 확실하게 입증하기 위해서는 압도적인 차이를 보여야 한다고 생각한 것 같아요. 그런 의미에서 '100억 달러 수출'은 단순한 숫자가 아니라 통치 이념과 관련이 있는, 큰 의미를 가지는 목표였던 것입니다.

홍은주·이은형, 『코리안 미러클 3. 숨은 기적들: 중화학공업, 지축을 흔들다』 (나남, 2015), 121~122쪽

방위 산업으로 자주 국방·중화학 공업화를 동시에

대한민국은 1973년 1월 박정희 대통령의 중화학 공업화 정책 선언으로 중화학 공업 시대에 들어갔다. 1971년에 착수된 방위 산업도 중화학 공업의 기계 공업, 전자 공업과 석유 화학 공업에 포함시켜 추진했다. 중요한 것은 방위 산업만은 민간에 의한 방산 업체를 지정하여 특별 취급했다는 것이다. 방산 업체에 대하여는 방위세와 방위 성금으로 구성된 율곡 자금을 지급했다. 이들 방산 공장은 민수품을 동시에 생산하므로 국민투자기금 지급도 있었다. 방산 공장의 입지도 대부분 창원의 기계공업단지에 입주시켜 집중 관리했다. 그러므로 중화학과 방위 산업은 별도로 존재했던 것이 아니고 궁극적으로는 중화학 공업화 정책의 일환으로 추진되었다고 할 수 있다. 따라서 우리나라의 방위 산업은 중화학 공업의 일환으로 민간에 의한 방산 업체가 민수품과 군수품을 동시에 생산하는 체제로 가져간 것이 성공의 절대적 요인이라고 하겠다.

김광모, 『중화학공업에 박정희의 혼이 살아 있다』(기파랑, 2015), 151쪽

1960년대 말 북한 김일성 정권의 도전에 직면한 박정희 대통령은 국가 건설과 국가 안보란 상반된 조건의 압박에 몰리게 됐다. 다른 하나를 위해 다른 하나를 희생할 수밖에 없는 상황이있으니, 박 대통령은 건설과 국방이란 상반된 조건을 다 살리면서 역사적 진전을 이루는 방향으로 대한민국을 이끌어 갔다.
박 대통령이 1960년대 말 위기를 1970년대의 호기로 돌려세우는 데 있어서 취한 두 가지 가장 중요한 조

치는 새마을 사업과 중화학 공업 건설이었다. 새마을 사업을 통해서 공산주의자가 침투할 수 있는 빈곤을 없애고, 중화학 공업 건설을 통해서 자주 국방이 가능한 공업력을 갖추겠다는 계산이었다는 얘기다.
이를 통해 대한민국은 1970년대를 거치면서 확실하게 북한의 위협에서 벗어나게 됐다.

이대현·최경철·조두진, 『21세기 대한민국 세 거인에게 길을 묻다』(매일신문사, 2014), 72~73쪽

포항제철 구매 자율성 보증한 '종이 마패'

박 대통령이 말끔하게 해결해 준 사안은 복잡하게 얽힌 제철소 부품 구매였다.

포철(현 POSCO) 1기 건설을 위한 설비 구매 업무는 1970년 1월 막이 올랐다. 그런데 설비 구매 계약은 첫걸음부터 휘청거렸다. 설비 선정과 대금 지급을 둘러싸고 자주 혼선을 빚었다. (대일) 청구권 자금은 정부 간 협상이어서 포철이 직접 사용할 수 없었기 때문이다. 또 상업 차관은 계약 당사자와 합의를 거쳐 정부 승인을 받아야 했다. 한마디로 포철이 사용할 설비와 부품을 포철 스스로 고를 권한이 포철에게 없었다는 뜻이다.

마침 2월 초 제철소 업무 진척 상황을 보고하라는 청와대의 호출을 받았다. 박 대통령은 나의 브리핑을 잠시 멈추게 하더니 비서실장과 경제수석에게 자리를 비켜 달라고 했다.

"보고는 무슨 보고. 그래, 순조롭게 돼 가나?"

나는 설비 구매의 애로 사항과 개선 방안을 보고했다.

"지금 건의한 내용을 여기다 간략히 적어 봐."

대통령이 메모지를 밀어 줬다. 나는 설비 구매의 애로 사항과 개선 방안을 보고했다. 나는 경제장관 회의 때 참고하시라고 만년필을 들어 '전문(前文), 목표, 실현 방법' 순으로 자세하게 메모했다. 메모의 핵심은 '포철이 일본 기술협력단과 협의하여 공급 업체를 결정한다'는 것이었다. '효율성을 높이기 위해 간편 계약(수의 계약)을 하더라도 정부가 이를 보증해 준다'는 조항도 넣었다.

나의 메모를 찬찬히 살펴본 박 대통령이 놀라운 결정

을 내렸다. 메모지 왼쪽 위 모서리에 친필 서명을 하지 않는가.

"이제 어려울 때마다 번거롭게 나를 찾아올 필요가 없네. 앞으로 이걸 보여 주면서 소신대로 밀고 나가게."

무한한 신뢰의 표시였다. 그만큼 나와 포철의 책임감도 커졌다.

이날 이후 포철은 설비 구매의 주체로 나설 수 있었다. 그 메모지를 보고 포스코 사람들은 '종이 마패'라고 부르는데 나는 그것을 실제로 내보인 적은 한 번도 없었다. 항상 양복 안쪽 주머니에 넣어 다니던 이 메모지를, 나는 박 대통령 서거 직후 포스코의 역사적 자료이니 잘 보관해 달라며 처음 공개했다.

박태준, "포스코 명예회장의 증언: 박정희대통령의 종이마패", 박정희대통령 기념재단 소식지 『박정희대통령』 제55호(2023년 6월), 6~7쪽

중동 오일 쇼크는 중동 건설로 돌파하라

오일 쇼크가 전 세계를 덮친 1970년대 중반, 박 대통령은 "오일 쇼크로 인한 외환 위기는 오일 쇼크로 부자가 된 중동에서 처방책을 찾아야 한다"고 강조했다. 이어 중동 진출 관련 보고를 받은 박 대통령은 "국내 업자들을 불러 설명회를 개최하고 중동 진출에 적극적으로 나서라는 뜻을 전하라"고 독려했다.

1973년 한국 업체들은 중동에서 2,400만 달러의 공사를 수주했다. 1981년엔 126억 달러로 수주액이 가파르게 늘었다. 절정기인 1978년에 중동 진출 한국 건설 노동자 수는 14만 2,000명에 이르렀다. 박 대통령은 석유 위기와 정면 승부해 중동 진출로 한국 경제, 한국인의 새로운 활동 영역을 창조해 냈다.

이대현·최경철·조두진, 『21세기 대한민국 세 거인에게 길을 묻다』(매일신문사, 2014), 74~75쪽

04

통찰
洞察

뜻이 있는 곳에 길이 있다

길을 만들며 앞으로 나아가다

'뜻이 있는 곳에 길이 있다'(1975년). 박정희 대통령 시대 대한민국은 이미 있는 길을 따라간 것이 아니라 없던 길을 만들며 나아갔다. 지도자와 국민이 한 마음 한 뜻으로 피땀 흘려 창조한 새 길을 사람들은 '한강의 기적'이라 불렀다.

독도 영유권 기초 다진 측량과 지도 제작

1961(단기 4294)년 11월 30일, 재무부 장관은 국토건설청장(경제기획원)에게 독도 영유권 확보에 관한 국가재건최고회의 의장의 특별 지시를 전달하였다. 이 특별 지시의 요지는 "독도를 정확히 측량하여 토지 대장에 등록하고 그 결과를 보고하라"는 내용이었다.

국립건설연구소는 곧바로 측량 팀을 구성하여 현지에 파견하였다. 삼각측량계장이던 김기성 팀장을 위시한 8명의 팀원들은 1961년 12월 26일부터 1962년 2월 26일까지 62일 동안 독도의 지형도 작성을 위하여 평판 측량에 의한 지형 측량을 실시하였고, 1점의 측지 기준점은 천문 측량에 의하여 그 위치를 결정하였다.

당시의 지형 측량은 평판 측량에 의하여 지형을 묘사하였기 때문에 정확도 면에서 상당한 문제점이 있었으므로 보완 측량이 요구되었다. 급기야 1980년 5월에 항공사진 측량 기법에 의하여 1:1,000, 1:5,000 지형도를 제작하게 되었다.

1960년대 초 우리나라의 지도 제작 능력은 전무(全無)하다시피 낙후되어 있었다. 즉 측량의 기술, 기구, 장비, 예산 등 현대 지도 제작에 필요한 요건 중 무엇 하나 제대로 갖추어진 것이라곤 없었다.

지금 회상해 보면 박정희 대통령은 당시 국가재건최고회의 의장으로서 5·16 혁명이 일어난 지 얼마 되지 않은 시점에서 혁명 과업 완수를 위해 심혈을 기울여야 할 사안이 산적해 있어 상상을 초월할 만큼 분망(奔忙)하였을 터인데도, 독도의 영유권을 확보하기 위하여 독도의 측량과 지도 제작을 조기에 마무리 짓겠다는 의지를 굳혔음을 쉽게 엿볼 수 있다. 여기에서 우리는 그분의 독도 영유권에 대한 집념을 읽을 수 있다.

독도 영유권 확보를 위하여 지도 제작을 지시한 조치는 참으로 실용적인 단안이었다고 생각한다. 지도 제작이야말로 영토 관리의 이력을 쌓는 가장 적절한 방편이라고 할 수 있다.

최재화, "독도 영유권을 수호한 박정희 대통령", 박정희대통령기념사업회 회보 『박정희대통령』 제4호(2005년 7월), 31쪽

베트남 휴전안 보고 "이러면 공산화된다" 예언

지금도 또렷하게 저의 뇌리에 남아 있는 장면이 있습니다. 1972년 10월 당시 월남 주재 대사이던 저는 정무 보고 차 일시 귀국해 있었고 그달 23일 오전 대통령 각하의 부름을 받고 청와대 집무실에 갔습니다. 각하께서는 파리에서 미국과 월맹(북베트남)이 합의했다는 월남 휴전협정안에 대해 논평과 우려의 말씀을 하셨습니다.

휴전안에 미군을 비롯한 자유 진영 군대의 철수를 명기하면서도 월남으로 침투한 14만여 명의 월맹 정규군의 철수에 대한 언급이 없었다는 점, 공산 측과 월남 정부의 연립 정권 구성이 갖는 함정, 그리고 휴전 체제에 대한 국제 감시의 불명확성 등을 일일이 지적하시면서 "이런 식으로 휴전이 되면 월남은 1년도 지탱하지 못하고 공산화되고 말 것이다"라고 예언하셨습니다.

각하께서는 이 자리에서 주먹을 불끈 쥐시면서 "언제까지나 우리의 안보를 미국에 의존할 수는 없다. 우리가 월남과 같은 처지에 빠지지 않기 위해서는 하루빨리 수출 산업과 중화학 공업을 발전시켜 국력을 강화해야 한다. 그러기 위해서는 낭비를 최소화하고 효율을 극대화하는 자원 총동원 체제를 갖추어야 한다. 이 길만이 힘의 논리만을 믿는 공산주의자들의 침략 야욕을 저지하는 방법이다"라고 말씀하셨습니다.

유양수, 2000년 박정희대통령 제21주기 추도사, 『박정희 대통령과 육영수 여사 추도사』(박정희대통령기념재단·민족중흥회, 2018), 229~230쪽

고속도로 모든 데이터 손수 검토하고 결정

한국 경제의 동맥으로 박정희 대통령께서 경부고속도로의 건설을 계획할 당시의 이야기입니다.

박 대통령께서는 그 당시 국가 재정 면에서 볼 때 방대한 사업이었기 때문에, 필요하고 참고가 될 만한 모든 분야별 전문 인사들에게 개별적으로 고속도로의 경제성과 미래의 전망에 관하여 참작할 만한 식견을 널리 모으고 계셨습니다.

박 대통령께서는 최소의 예산으로 최단시일에 완성하기 위하여 각국의 고속도로 건설 서적을 수집하여 노선의 폭, 인터체인지의 형태, 노면의 높이 등 공사 물량을 줄여서 공사비를 절감하는 최선의 방안을 모색하시느라 밤늦도록 서재에 계시는 일이 많았고, 참고 될 만한 수많은 사람들을 개별적으로 불러 검토하시는 한편 그 바쁘신 정무 중에도 휴일을 활용하여 지프나 헬리콥터 등으로 수십 차 현장 답사를 하신 후 경부고속도로의 착공을 지시하셨습니다. 이러한 노력으로 경부고속도로는 일본 도메이(東名)고속도로 420킬로미터 공사비의 8분의 1, 공기(工期)는 반으로 완성함으로써 공사비와 공기에 있어 세계에 전무후무한 기록을 남겼습니다.

박 대통령께서는 광범위하게 참고 될 만한 모든 인사들에게 의견과 자료를 모으시고 몇 번이고 치밀하게 검토하여 최선의 방안을 채택 결정하시고 일단 결정하신 일은 일관성 있게 추진하심으로써 세계적인 모든 사업가들에게 높은 존경과 신망을 얻어 오늘날 한국 경제에 세계의 경제인들은 경쟁적으로 참여하고자 하고 있습니다.

정주영, "[내가 본 박 대통령] 모두가 의아해 하던 현대조선 건설… 대통령만이 격려, 이제 세계 10위로", <서울신문> 1978년 2월 23일

1967년 11월 7일, 박 대통령은 청와대 회의에서 건설부 장관에게 경부고속도로 건설을 지시한 이후 직접 진두지휘에 나섰다.

계산서 뽑는 일이 무엇보다 중요했다. 박정희는 건설부, 재무부, 서울시, 육군 공병감실, 현대건설 등 5군데로부터 각기 추정 건설비를 제출 받아서 최종 건설비 330억 원을 확정했다.

포병 출신이라 독도법이 능한 박정희는 혼자서 지도를 봐 가면서 노선 결정을 비롯해 용지 매입 문제에까지 지휘봉을 잡았다. 심지어 시중 은행장들을 비밀리에 소집해서 수용할 용지의 시가(時價) 감정을 보고받는가 하면, 용지 매입 가격까지 지시했다. 정주영 현대 회장의 증언이다.

"박정희 대통령은 침실 머리맡에 공사 진척 상황표를

붙여 놓고 매일 전화로 체크해 가면서 헬기로, 자동차로, 경호원 없이 혼자서 현장을 돌아보았다. 대통령은 고속도로에 관한 이야기를 하고자 시도 때도 없이 밤중이건 새벽이건 나를 불렀다."

이장규, 『대통령의 경제학』(기파랑, 2014), 159쪽

2차로 고속도로 건설하며 4차로 부지 확보

고속도로 중 영동, 호남, 남해, 구마 고속도로는 2차선이었다. 박 대통령은 교통 수송의 수요에 비추어 투자 효과가 과소하다고 판단된 노선에는 우선 2차선 고속도로를 건설하되 용지는 장차 4차선으로 확장할 것을 전제해 미리 매수하게 했으며, 횡단 육교도 장차 4차선으로 확장할 것을 고려해 시공하도록 했다. 기타 2차선 고속도로의 4차선 용지 확보 방침으로 어느 2차선 고속도로를 막론하고 4차선으로 확장할 때는 새로 용지를 매수할 필요 없이 이미 염가로 확보한 용지를 사용하면 되게 되었다.

예를 들어 서울~부산 간 고속도로 완공 3개월 전인 1970년 4월 착공한 대전~전주 간 호남고속도로의 건설비가 4차선인 서울~부산 선의 킬로미터당 약 1억 원에 비해 2차선인 이 노선이 킬로미터당 9,000만 원이 든 것은 이 노선을 장차 4차선으로 확장할 때에 대비해 미리 용지를 매입한 데다 인터체인지 구간과 교량 등도 4차선 규모로 시공했기 때문이다.

박 대통령이 단행한 2차선 고속도로의 4차선 확보를 위한 용지 확보, 접도 구역 통제, 그리고 그린벨트 설치와 엄수는 우리나라 국토 개발 백년대계와 후세를 위한 위대한 선견지명이요, 영단이라고 하겠다.

김정렴, 『한국경제정책 30년사: 최빈국에서 선진국 문턱까지』(랜덤하우스코리아, 2006), 298~299쪽

헬기에서 본 구조물 이름, 돌아와서 꼭 확인

갑자기 헬리콥터로 원주~신갈 간의 영동고속도로 건설 현장을 돌아보신다고 하여 수행했었는데, 기상(機上)에서 공사 중인 다리 이름을 물으시기에 나는 지도를 보고 어림잡아 대답했다. 뒤에 안 일이지만 다른 실무자에게 다리의 이름을 확인하시는 치밀성을 가지셨다.

내가 아는 그 어른의 남다른 점은 한두 가지가 아니다. 한번 만났던 사람이라도 그 이름을 좀처럼 잊지 않으신다. 또 계산에 그렇게 밝으실 수가 없다. 때로는 나 자신이 잘못 말씀드린 것을 깨닫고 정정해 드리지 않으면 안 될 정도로 신경을 써야 했다.

태완선, "[내가 본 박 대통령] 전체와 부분을 동시에 관찰… 밝은 계산에 실무자들 놀라", <서울신문> 1978년 5월 18일

'조경' 첫 보고 받고 중요성 알아봐

(오휘영 조경학자) 1970년이었습니다. 마침 그해 6월에 모친이 환갑을 맞았습니다. 당시 나한테는 동서가 여럿 있었습니다. 그중에서 이관태라는 큰동서는 부산 모 기업의 임원으로 근무하던 때였습니다. 그런데 이 이관태 씨가 그때 경상남도 도지사였던 정해식 지사와 친분 관계가 있어 종종 만나던 사이였습니다.

그때 당시 정해식 지사는 이관태 씨를 통해 국내에 와 있던 내 얘기를 듣고 있었습니다. 이관태 씨는 자기도 잘 모르는데 "뭐 국토와 관련된 랜드스케이프 아키텍처(landscape architecture)라는 것을 공부하고 시카고 지역에서 공무원 생활을 하고 있다"고 했답니다. 그랬더니 정해식 씨가 랜드스케이프 아키텍처가 뭐냐고 다시 물어봤고, 개발할 때 자연 환경 보전을 위해 공원, 녹지, 산림 등을 조성하고 레크리에이션 지역도 만들고 하는 거라는 얘기를 추가로 듣게 됩니다. 그때만 해도 외국 생활자가 흔치 않았고 또 landscape architecture는 처음 듣는 학문이라 아마도 정해식 씨가 이관태 씨에게 들은 것을 기억하고 있다가 진해 휴양소에서 박 대통령에게 개발 관련 보고를 하다가 그 얘기도 하게 되었다고 합니다. 그러자 박 대통령도 흥미를 가지고 "그러면 그 사람이 아직 한국에 있으면 청와대에 한번 와서 어떤 학문이며 지금은 무슨 일을 하고 있는지 보고할 수 있겠느냐?" 이렇게 되었습니다.

개인적으로는 상당히 영광스럽기도 했지만, 무엇보다도 조경학을 국내에 소개할 수 있는 좋은 기회라는 생각이 들었습니다. 다만, 보고 시 '랜드스케이프 아키텍처'라는 용어를 우리말로 표현하기 위하여 고

심했는데, 몇 분의 지인들과 특히 서울대 공과대학의 고등학교 선배인 윤정섭 교수의 조언을 참고하여 '조경'으로 하고, 가지고 온 슬라이드를 담은 트레이 2개를 들고 청와대에 가게 되었습니다.

청와대 본관에 있는 소회의실에서 최초의 보고를 했습니다. 그 보고를 들은 사람이 약 50명 정도로 기억되는데, 나중에 알고 보니 청와대의 모든 수석비서관, 일부 국토 개발과 연관된 비서관들, 관련 부서 몇몇 장관 등이었습니다. 보고는 선진 외국의 조경학 현황에서부터 시작했습니다. 그다음에는 미국 전역의 중요한 조경 현안에 대해 설명하였습니다. 마지막으로 시카고 지역 녹지보호청에서 당시 하고 있던 일을 소상히 알렸습니다. 이렇게 설명하는 데 걸린 시간은 약 40여 분이었습니다.

설명을 마친 뒤 박 대통령의 질문이 있었습니다. "그
린벨트가 미국에도 있느냐?"는 질문부터 했습니다.
"지금 시카고 녹지보호청 같은 기관이 관리하는 녹지
구역이 도시 확산을 막고 있고, 도시민의 여가 활동
을 수용하기 위한 여러 가지 역할을 하고 있는데 지
금도 계속해서 녹지 보호 구역을 확장하고 있습니다"
라고 대답하면서 "그 녹지보호청에서 하고 있는 녹지
대가 바로 그린벨트의 역할이라고 생각합니다"라고
답변했습니다.
그랬더니 "그러면 그에 필요한 토지를 어떻게 확보
하느냐?"는 후속 질문이 있었습니다. 그래서 "우리와
같은 조경 전문가들이 현지 조사를 해서 그런 녹지
보호 지역으로 적합한 조건을 갖췄다고 판단되면 토
지 수용을 추진하게 되는데, 토지 보상비의 반은 주

정부가, 반은 중앙 정부가 지원합니다" 하고 답변을 드렸습니다.

이윽고 보고가 끝났고 총 1시간 정도의 시간이었지만 다행히 '조경 분야'의 가치와 유용성에 대해 적절한 이해가 될 수 있었던 것 같습니다. 왜냐하면 곧바로 세 가지의 대통령 주문 사항을 비서실로부터 받았기 때문입니다. 첫째가 건설부 전 직원에 대한 조경학 강연이었고, 둘째는 서울시 전 직원과 구청장, 그리고 공원 녹지 공무원 대상의 조경학 강연이었습니다. 마지막 셋째는 경주 종합 개발 사업 대상지 현장을 답사한 뒤 소감을 작성해서 미국으로 가기 전에 보고해 달라는 내용이었습니다.

그래서 먼저 건설부에 가서 전 직원을 대강당에 모아 놓고 1시간 동안 강연을 했습니다. 서울시에서도 똑같이 본청 대회의실에서 강연했습니다. 예나 지금이나 건설부는 건설 관련 공공 기관의 본산이고 서울시는 특별시였던 만큼 이들을 대상으로 한 강연은 '조경 분야'를 알리는 데 매우 효과적이었습니다. 특히 청와대 지시로 이루어졌기에 조경에 대한 중요도와 위상을 높게 인식시킬 수 있었습니다.

대통령 박정희는 1972년 2월 어느 날 "앞으로 조경에 관해 우리나라에 있어서 제도 면에 있어서나 또는 조경이 어떤 방향으로 나아가야 하는가에 대한 문제를 국내의 학자들을 모아 토론하는 자리를 주최하라"는 지시를 내렸다. 그에 따라 1972년 4월 18일에 청와대에서 한국 최초로 '조경에 관한 세미나'가 개최되었고 당해 5월 2일에는 재미 조경가 오휘영을 청와대

제1 경제수석비서실의 조경 담당 비서관으로 임명한다.

경제 1수석비서실에는 경제기획원 담당, 재무부 담당, 건설부 담당 등 비서관이 정부 주무 부서를 관장하는데 조경은 주무 부서가 없음에도 불구하고 하나의 독립된 담당 비서관으로 임명한 것은 대통령 박정희의 각별한 조경 챙기기를 반영한 것으로 볼 수 있다.

조세환·구영일·오정학, 『한국 현대조경 태동의 역사: 빛과 프리즘 그리고 무지개』(기문당, 2018), 131~134쪽, 83쪽

오 비서관(오휘영)은 1972년 7월 토요일 오후 박 대통령을 수행하여 아산 현충사의 공사 현장을 찾았다. 조경 공사가 아직 시작되지 않은 상태였는데, 대통령은 주차장이 정문과 너무 가까이 있어 경건한 분위기

를 저해하며, 주변이 옛날 논이었기 때문에 배수가 잘 안 될 것이며, 이식할 대형 기증목의 뿌리돌림이 제대로 되지 않은 상태라고 지적했다. 차후 보완책으로는 ① 주차장과 진입로 사이에 인공 구릉을 만들고 수림대를 조성하여 경건한 분위기를 만들 것, ② 배수를 위하여 연못을 만들고 주위에 흙을 돋운 후 그 위에 나무를 심을 것, ③ 열매를 생산하는 나무를 많이 심어 새들이 모이도록 하되, 우리나라 자생 수종(樹種)으로 할 것을 지시했다. 박 대통령은 정확하게 문제를 파악하고 있었다고 오 비서관이 적고 있다.

이경준, 『한국의 산림녹화, 어떻게 성공했나?』(기파랑, 2015), 246~247쪽

산림청에 힘 실어 주기 위해 내무부로 이관

손(수익) 지사가 산림청장으로 발령 받을 때의 에피소드를 직접 들어 보자.

1973년 1월 16일, 경기도 지사였던 나는 산림청장의 명을 받았다. 전혀 의외였을 뿐 아니라 내심 서운함도 있었다. 일주일 전에 김현옥 내무 장관을 통해 사전 통보를 받긴 하였으나 김 장관도, 주무 장관인 김보현 농림 장관도 각하의 뜻이라 이유를 잘 모르겠다는 것이었다.
이날은 농림부의 연두 순시 날이어서 김종필 부총리에게 임명장을 받고 바로 대통령 연두 순시에 배석해 각하를 뵈었다. "임자, 산림청장을 맡으라고 했더니 불평했다며?" 하셔서 "아닙니다. 열심히 하겠습니다"라고 말씀을 올렸으나 왜 내가 산림청장이어야 하는지 솔직히 납득이 되지 않았다.

와중에 대통령께서 "빠른 시일 안에 국토 녹화에 대한 중장기 계획을 세워 보고하라"는 지시를 내리셨다. 대통령의 지시를 받고 헤아려 보니 그해 연초에 발표한 연두 기자 회견에 '10년 안에 국토를 녹화하겠다'는 대국민 약속이 있었음이 상기되었다. 내무부의 새마을 팀과 합동으로 '제1차 치산녹화 10개년 계획'을 만들었다.

손 청장의 이 증언으로 미루어 볼 때, 박 대통령은 내무부 산림청장감으로 손수익을 일찌감치 '찜해' 두었던 것 같다.

박 대통령은 우선 산림청을 농림부에서 내무부로 이관시켰다. 농림부 산림청장 손수익을 발령한 후 한 달 만이었다. 내무부의 행정력, 경찰력, 재정력을 동원하여 강력하게 추진할 수 있는 토양을 마련해 준 것이었다. 또, 손 청장의 산림 행정 조직 확대 건의를 100퍼센트 그대로 받아 주었다. 필요한 일손을 필요한 만큼 확보해 준 것은 물론이고, 그들 산림직 공무원들도 다른 공무원과 똑같이 시장도 되고 군수도 되는 길을 열어 주어서 사기가 충천하게 해 준 것이다. 대통령이 산림청을 농림부에서 굳이 내무부 소관으로 옮겨 준 뜻을 충분히 감안한 구상이었을 것이다.

이경준, 『한국의 산림녹화, 어떻게 성공했나?』(기파랑, 2015), 196~198쪽

시골 마을 나무 한 그루 없어진 것까지 알아봐

청와대 정문 양쪽으로 줄지어 서 있는 반송들이 지금도 예쁘게 자라고 있는 줄 알고 있지만, 언젠가 "왼쪽 두 번째 반송의 좌측 가지가 이상하니 기술자를 보내 그 내력을 파악해 보고하라"는 대통령의 지시가 떨어졌다. 임업시험장의 '나무 할아버지'를 보내 진단케 한 결과, 일부가 고사(枯死) 상태였음을 확인하고 소생 대책도 같이 보고 드린 후 이상 원인을 규명해 보니, '누군가 상습적으로 나무에 대고 소변을 봤다'는 웃지 못할 결과가 나왔다. 이실직고를 할 수밖에 없었던바, 저녁에 이곳에서 근무한 젊은 친구들이 혼이 났다는 말을 듣고 대통령의 예리하고 정확함에 새삼 놀라고 감탄했던 기억이 생생하다.

1972년 여름, 필자가 경기도지사로 재직할 때다. 용인군 남사면의 경부고속도로변 마을 앞에 물버들 일곱 그루가 심어져 있었는데 풍수해를 만나 그중 두 그루가 바람에 쓰러져 할 수 없이 한 그루는 베어 버리고 한 그루는 살려 보려고 지주를 세워 두었다. 그런데 도청 현관에서 차를 내리신 대통령께서는 첫 말씀이 "그, 마을 앞에 나무 한 그루가 없어졌던데 어떻게 된 것이냐"고 하문하시는 것이었다. 사실대로 보고 드려 꾸중을 들었지만 이렇게 국토를 손바닥 보시듯 보고 계실 뿐 아니라, 일목일초(一木一草)도 소홀히 하지 않으시는 평소 성품의 편린을 보여 주시는 것 같아 겁도 나고 외경스러움을 느낀 일도 있었다.

또 한번은, "플라타너스는 삽목을 해도 잘 살지?" 하고 물으셔서 "네" 하고 대답 드리면서 "각하께서 어떻게 그것까지 알고 계시느냐?"고 아부성(?) 말씀을 드렸더니 "임자가 날 칭찬하네" 하시면서 "일선에서 사

단장을 할 때 부대 친구들이 조경을 한다고 산에서 잣나무를 캐다가 심고, 플라타너스 가지를 베어다가 지주를 세웠는데 얼마 후 보니까 잣나무는 죽고 지주로 옆에 꽂아 놓았던 플라타너스에서 새순이 나오는 것을 보고 플라타너스가 맹아력이 강하다는 것을 느꼈다"는 이야기를 들려주셨다. 그때 역시 새삼 이 어른의 탁월하신 눈썰미에 놀랐고 '한 가지라도 헛되고 자신 없는 보고를 해서는 큰일 나겠구나' 하는 다짐을 했던 기억도 있다.

손수익, "산림녹화와 국토사랑, 세계 임정사에 큰 획을 그은 박대통령의 집념", 박정희대통령기념사업회 회보 『박정희대통령』 제7호(2006년 4월), 10~11쪽

왜 식목일만 있고 육림의 날은 없나

언젠가 월요일 아침인데 산림청장을 급히 찾으신다는 연락이 있어 무슨 꾸지람이 내릴까 몰라 긴장하며 집무실로 들어갔더니 괘지를 한 장 회의 탁자에 놓으셨다. 들여다보니 지시 사항과 더불어 주(朱)·황·녹색의 색연필로 구체적인 그림까지 그려 놓으신 게 아닌가. "경부고속도로변의 절개지에 개나리를 심고 조경석을 설정하고, 사이사이에 진달래와 철쭉을 심고, 그 위에 눈향이나 회양목 같은 상록수를 심어 조경을 하라"는 내용을 소상하게 적어 놓으시고 개나리는 노랑색 색연필로, 진달래와 철쭉은 분홍색, 상록수는 녹색으로 그림을 그려 놓으신 것이었다.

치산녹화 10개년 계획의 100만 헥타르 조림 계획을 수행하는 데 있어 봄에 심은 나무는 가을에 전(全) 임지를 대상으로 매목 조사를 해서 그 활착률을 챙겨 책임 소재를 묻고, 사후 관리를 철저하게 하도록 하였는데 대통령께서 "왜 식목일만 있고 육림의 날은 없느냐? 육림의 날과 육림 기간을 정해 비료도 주고, 가지도 쳐 주고, 잡목도 제거해서 봄에 심은 나무가 잘 자라도록 하면 어떻겠느냐"고 하시면서 산림용 비료 개발도 지시하셨다. 이렇게 하여 산림용 고형 복합 비료가 개발되었고 11월의 첫째 토요일이 육림의 날로 정해졌으며, 그 토요일을 중심으로 한 일주간이 육림 기간이 된 것이다.

헐벗어 처참했던 국토에 녹색 옷이 입혀지기까지에는 박 대통령의 이러한 열정과 집념이 있었다.

손수익, "산림녹화와 국토사랑, 세계 임정사에 큰 획을 그은 박대통령의 집념", 박정희대통령기념사업회 회보 『박정희대통령』 제7호(2006년 4월), 11~12쪽

스스로 돕는 마을 먼저 지원하라

박정희 대통령은 나만 만나면 제주도 얘기를 했었다. 5·16 도로 얘기부터 지하수 개발, 감귤 산업 육성, 관광 개발, 도로 개발, 제주도의 아름다운 자연환경, 성실하고 근면한 제주도민의 품성 등 칭찬 일색이었다. 박 대통령은 제주도를 지역 개발의 성공적인 모델로 생각하고 있었다.

박 대통령은 제주도의 개발 과정을 보면서 근면, 자조, 자립, 협동의 새마을 정신을 발전시켰다. 내가 생각하기에 박 대통령이 제창한 새마을 정신은 제주도민의 정신에 기초하고 있다고 생각했다. 이 같은 제주도민의 정신을 전국적으로 확산시키고자 한 것이 바로 새마을 운동이었던 것이다.

특히 박 대통령은 제주도 일주도로 건설 과정에서 보여 준 제주도민의 자발적 참여와 스스로 이뤄 내겠다는 자조와 자립의 정신을 정부의 장관들에게 매번 강조하면서 제주도의 본을 받을 것을 지시하곤 했다. 일부 장관들은 박 대통령에게 "왜 육지부의 군(郡) 정도에 불과한 제주도에 자꾸만 투자하고 관심을 갖고 애정을 표시하느냐"고 따지며 불평하기도 했다. 그때마다 박 대통령은 "스스로 잘살아 보겠다고 노력하고 근면하는 자립정신이 강한 주민에 대해서는 정부는 가장 우선적이며 중점적으로 도와야 되겠다는 것이 나의 방침이다"라고 대답했다.

김영관, 『제주 개발 50년의 서막을 열다』(제주일보, 2014), 263-264쪽

새마을 운동은 1970년에 박정희 대통령에 의해 시작되었다. 새마을 운동의 기원은 두 가지로 나누어

살펴볼 수 있다. 우선 새마을 운동의 언술적 출발은 1970년 4월 22일, 부산에서 열린 한해 대책 지방장관회의로 알려진다. 이 자리에서 박정희 대통령은 '새마을 가꾸기'라는 말을 처음 사용했다. 이때 그는 1969년 여름 경북 청도군 청도읍 신도1리에 들렀을 때의 일화를 소개했다. 그에 따르면 지독한 수해가 덮쳤던 그해, 유독 그 마을에서는 피해 복구가 매우 빨랐는데 그것은 마을 주민들의 자발적인 노력 덕분이었다는 것이다. 박정희 대통령은 주민들의 자발적 의지가 농촌 개발에 있어서 매우 소중한 자원임을 역설했다.

전상인, "민족의 역사를 바꾼 박정희 대통령의 새마을운동", 박정희대통령기념사업회 회보 『박정희 대통령』 제28호(2011년 7월), 16쪽

1970년 가을, 대한양회(시멘트)공업협회의 김성곤 회장이 청와대로 대통령을 찾아와 양회 업계의 애로를 토로하며 구원을 요청했다.

"그동안 정부가 장려해 시멘트 공장이 많이 들어섰는데, 열심히 가동하다 보니 생산을 많이 했지만 제대로 소비가 안 되어 재고가 너무 많습니다. 양회 업계가 모두 문 닫을 지경에 이르렀습니다. 도와주십시오."

이 말을 들은 박정희 대통령은, 기업의 고충은 국가가 해결해 주어야 한다고 생각하고 김현옥 내무부 장관을 불렀다.

"시멘트 업계가 재고가 많아 어렵다니, 내무부에서 싸게 사서 농어촌에 나누어 주면 어떨까?"

김현옥 장관은 그 자리에서 "대책을 강구해 보겠다"

고 보고하고 나와서, 이 많은 시멘트를 농어촌의 3만 4,000개 자연부락에 1개 마을당 300포대씩 무조건 똑같이 나누어 주기로 했다. 시멘트만 있어 가지고는 소용이 없을 테니 철근도 1.5톤씩 끼워 주기로 했다. 지역 행정 기관에는 주민들이 어떻게 쓰든지 간섭하지 말라고 하고, 다만 당시 농어촌 마을에 만들면 좋겠다고 생각되던 사업 10가지를 골라 시범 사업으로 선정하고 시공법을 해설하는 팸플릿을 만들어 시멘트, 철근과 함께 배포하였다. 그때 그 사업의 이름을 '새마을 가꾸기 사업'이라고 명명했다. 이때 '새마을'이라는 말이 처음 도입되었다.

새마을 가꾸기 사업은 이처럼 농림부의 농어민 소득 증대 사업과 관계없이 과잉 시멘트 해결책으로서 내무부가 주관하는 사업으로 시작한 것이었다.

새마을 가꾸기 사업을 전개하면서 박정희 대통령은 '우리 농어촌 현대화의 성패는 우리 농어민들의 자조, 협동, 단결에 달려 있다'고 판단하고, 이를 전국의 마을에서 자율적으로 협동, 단결하는 시범 사업으로 생각하고 추진하였다. 박 대통령이 직접 설명한 것처럼 "새마을 가꾸기 운동이란 한마디로 말해서 앞으로 정부가 농어촌에 투자하는 데 있어서 주민들의 자조 정신, 참여 의식, 협동심, 단결심, 근로정신이 왕성한 지역에 우선적으로 투자해서 이런 마을부터 빨리 일으킨 다음 점차 다른 지역에도 확산시켜 나가야 한다"고 그 취지를 분명히 밝히고 있다. 따라서 이 사업은 국민들을 자극시켜 스스로 따라오게 하는 정책 수단이었다고 할 수 있다.

고병우, 『새마을운동 이렇게 시작됐다』(기파랑, 2020), 95~97쪽

1970년 11월 11일에 소득 증대 특별 사업에 대한 농민 성공 사례들에 대한 시상식이 서울에서 이루어졌다. 농민 성공 사례들 중에서도 충청북도 조치원의 원예 농업 주산단지의 하사용 씨의 성공 사례가 가장 우수한 것으로 나타났기 때문에 그는 단상에 나가서 자기 농장의 성공 사례를 발표하게 되었다. 박정희 대통령도 이날의 농민 성공 사례들의 시상식에 참석하였으며 2층의 특별석에서 농민 성공 사례를 들으신 다음 다음과 같은 즉석 치사가 있었다.

"여러분한테 오늘 말씀할 치사는 이미 인쇄되어 전부 배포되어 있는 걸로 압니다. 그래서 그것은 일단 여러분이 돌아가신 후에 읽어 보기로 하고 이 자리에서는 내가 느낀 것 몇 가지를 이야기하겠습니다.

조금 전에 여기 나와 경험담을 이야기한 충청북도의

모범 농민 하사용 씨의 경험담을 나도 앉아서 듣는 도중에 눈시울이 뜨거울 정도로 여러 가지 고생들을 한 것을 들었습니다. 아마 이 자리에 계시는 농민 대표들과 농촌 지도자 여러분들도 하사용 씨 얘기를 들으면서 자기가 지금까지 겪었던 여러 가지 경험들을 회상하며 대단히 감명 깊었으리라고 생각합니다.

우리나라 농촌에는 지금 여러 가지 어려운 문제들이 많지만 농민 스스로가 잘살아 보겠다는 강인한 의욕으로 꾸준히 노력하고 근면하면 잘살 수 있는 여건이 점차 갖추어져 가고 있습니다. 따라서 앞으로 여러분들이 우리 농민들을 지도할 때는 근면하고 자립 자조하는 정신적인 면을 특별히 강조하시기를 바랍니다.

특히 하사용 씨 같은 분은 우리 농촌의 하나의 등불이요, 희망이라고 생각해야 될 거예요. 자기 농토라고는 한 평도 없고, 자본이라고는 한 푼도 없이 순전히 내 힘만으로 내가 한번 농민으로서 성공해 보겠다는 결심을 먹고 여러 해 동안 꾸준한 피눈물 나는 노력을 한 결과 그는 성공할 수 있었다는 것을 보여 준 것입니다. (중략)

우리는 농촌 개발에 헌신한 훌륭한 인물로서 걸핏하면 외국의 사례만을 인용하기 쉽습니다. 이제 우리나라 농촌에도 훌륭한 인물들이 많이 나타나고 있습니다. 하사용 씨는 우리 농민들의 위대한 교사일 뿐 아니라 우리 국민 모두의 훌륭한 교사입니다. 하늘은 스스로 돕는 자를 돕는다는 말이 있습니다. 우리 농민들이 스스로가 잘살기 위해 노력한다면 지금까지 정부가 가장 강력하게 추진해 온 농촌 진흥 시책이 번영의 열매를 맺을 수 있을 것이며, 열성 있는 농민이 늘어 갈수록 정부의 노력이 배가될 것입니다. 감사합니다."

우리는 박 대통령의 즉석 연설 속에서 대통령의 생활신조가 근면, 자조, 협동의 새마을 정신임을 알 수 있다.

박진환, "근면·자조·협동은 박정희대통령의 생활신조였다", 박정희대통령기념사업회 회보 『박정희대통령』 제28호(2011년 7월), 27~29쪽

경주 김유신 동상이 북쪽을 향하게 된 까닭

나는 경주 개발이 한창이던 때 경상북도지사로 재임 (1974~1978)하였다. 경주 개발에 대한 박 대통령의 관심과 의욕은 대단하였다. 대통령께서 경주 순시를 하실 때에는 사소한 일까지 직접 챙기면서 하나하나 잘못을 지적하거나 즉석에서 시정시키기까지 했다. 그것은 곧 그만큼 경주 개발에 나름대로의 뚜렷한 철학과 원칙을 가지고 있었기 때문으로 생각된다.

경주에서 포항으로 가는 도로변 황성공원에 유서 깊은 독산이 있다. 이 산은 모양이 큰 고분 같기도 하고, 작은 인조 산 같기도 한데, 왜병과 전투를 벌였던 곳으로 유명하다. 지금 이 산 위에는 김유신 장군 기마상이 북쪽 하늘을 노려보면서 그 웅장함을 자랑하고 있다.

원래 이 기마상은 동쪽을 향하고 있었던 것이다. 박

대통령께서 포항종합제철을 방문하시는 길에 이 동상을 지나면서 기마상이 동쪽을 향하고 있는 연유를 내게 물었다. 동쪽을 향하든 서쪽을 향하든 보통 사람은 관심 없이 지나치는 것이었다. 나도 이에 대해서 생각해 본 적이 없었던 터라, "아마 옛날 왜구를 상기하는 뜻에서 일본을 향하게 한 것 같습니다"라고 대답했다. 그랬더니 대통령께서 "민족의 통일을 생각하고, 광활한 대륙을 호령했던 웅혼한 기상을 되살리는 뜻으로 북쪽을 향하게 하는 것이 좋겠다"고 하셨다.

말을 듣고 보니, 대통령 말씀대로 북쪽을 향하도록 하는 것이 좋을 듯했다.

김수학, "경주에 쏟은 박대통령의 정성", 경주개발동우회, 『그래도 우리는 신명바쳐 일했다』(고려서적, 1998), 112~113쪽

임금이라고 다 같은 임금인가

오래전 일이다. 아산 현충사에서 행사를 마치고 귀경하는 차 속에서의 일이었다. 나는 별다른 생각 없이 "대통령께서 무인(武人) 출신이시라 이순신 장군을 지성껏 모시고 계시다는 시중의 얘기가 있습니다"라고 말씀드렸다. 그랬더니 대통령께서 이렇게 대답하셨다.

"위대한 선인(先人)들을 모시는 데 문무(文武)를 가릴 수 있겠는가? 나라를 누란(累卵, 달걀을 쌓아 놓은 듯 위태로움)의 위기에서 구출하신 이 충무공과, 백성과 도읍을 버리고 피난 간 임금과 어느 쪽이 더 위대한가? 그 이치는 자명하지 않겠는가. 임금이라 해서 모두 훌륭한 게 아니라 나라와 백성을 위해 무엇을 했느냐가 중요하지. 임금 중에도 세종대왕 같으신 훌륭한 분이 계신 반면, 아무 일도 하지 않은 임금도 있지 않았는

가. 어디 임금이라고 해서 모두 똑같은 임금인가?" 후세의 사가(史家)들은 임금을 다 똑같이 취급하지 않고 있음을 우리는 잘 알고 있다. 아마 역대 대통령에 대한 평가도 그러할 것임이 틀림없다.

김성진, "조국의 수호신, 박정희 대통령", 박정희대통령기념사업회 회보 『박정희대통령』제4호(2005년 7월), 4쪽

헌신 | 박정희와 일하다

초판 1쇄 발행일 2025년 11월 14일

발행인 유영구
발행처 (재)박정희대통령기념재단
편집·디자인 기파랑

주소 03906 서울특별시 마포구 월드컵로 386(상암동)
전화 02)716-9345
팩스 02)716-9357
홈페이지 https://presidentparkchunghee.org

ISBN 979-11-984763-3-3 03060

이 책의 저작권은 (재)박정희대통령기념재단이 소유하며, 무단 전재와 무단 복제를 금합니다.